Beaupré,

Juge au Tribunal Civil.

RECHERCHES

SUR

LES COMMENCEMENTS ET LES PROGRÈS

DE L'IMPRIMERIE

DANS LE DUCHÉ DE LORRAINE,

LE BARROIS

ET LES VILLES ÉPISCOPALES DE TOUL ET DE VERDUN.

—

PREMIÈRE PARTIE.

NANCY, IMPRIMERIE DE RAYBOIS ET C_ie. — 1842.

RECHERCHES

SUR

LES COMMENCEMENTS ET LES PROGRÈS

DE L'IMPRIMERIE

DANS LE DUCHÉ DE LORRAINE

ET DANS LES VILLES ÉPISCOPALES DE TOUL ET DE VERDUN.

CHAPITRE PREMIER.

XVe SIÈCLE ET PREMIÈRE MOITIÉ DU XVIe.

Nancy, Toul, Saint-Nicolas-du-Port et Saint-Diey. — Discussion. — Produits des presses établies dans ces deux dernières villes.

Vers le milieu du XVIIIe siècle, lorsque la science bibliographique était à peu près dépourvue de documents sur l'introduction et les progrès de l'imprimerie dans notre vieille Lorraine, l'opinion la plus généralement admise était que Toul et Nancy pouvaient se disputer l'honneur d'avoir mis au jour les premiers produits typographiques de la contrée, mais que la priorité restait encore indécise entre ces deux villes. Après elles, on citait le bourg de St-Nicolas-de-Port, que des titres incontestés ne plaçaient, il est vrai, qu'en troisième ordre, mais bien avant Pont-à-Mousson, Epinal et les autres villes dont les noms sont enregistrés dans les fastes de la typographie. Personne ne se serait avisé de songer à Saint-Diey, qui pourtant possédait de bonne heure une imprimerie dont l'existence est révélée par des livres datés de 1507 et 1509, mais rarissimes, et complétement ignorés des bibliographes du siècle dernier.

J'ai nommé, en me réservant toutefois de les classer ultérieurement dans l'ordre qui leur appartient, les lieux qui, dans notre pays, paraissent avoir accueilli et pratiqué les premiers l'art inventé par Guttemberg : Nancy, capitale de la Lorraine ; Toul, siége épiscopal de la majeure partie du Duché, enclavé dans son territoire, mais indépendant de son gouvernement ; Saint-Nicolas-de-Port et Saint-Diey.

Je n'ai pas parlé de Metz qui les avait devancés dans cette carrière de civilisation. La cité de Metz ne tenait à la Lorraine ducale par aucun lien politique ; mais la juridiction ecclésiastique de ses évêques s'étendait sur un assez grand nombre de paroisses, dont les unes telles que Vic et Rambervillers, appartenaient au *temporel Episcopal*, les autres, comme Dieuze et Nomeny, faisaient partie des états de nos princes depuis un temps plus ou moins long, d'autres enfin étaient comprises dans le Barrois mouvant. Certes, il y avait similitude entre Metz et Verdun, dont il sera question dans ces recherches à cause de sa situation et parce que son diocèse s'étendait aussi sur une partie du pays soumis aux ducs de Lorraine, et j'aurais dû, pour cette raison, m'occuper de la typographie Messine, si elle n'avait eu dans M. Teissier (1), un historien érudit dont le travail, en ce qui la concerne, ne me laissait que quelques lacunes à remplir.

Je vais exposer et rapprocher les titres des trois villes de Nancy, Toul et Saint-Diey, et ceux de Saint-Nicolas-de-Port, et, comme, en cette matière, exposer c'est décrire exactement, minutieusement peut-être, je me servirai souvent du vocabulaire bibliographique. Les détails dans lesquels je serai forcé d'entrer, ceux où je me laisserai peut-être entraîner, gagneront à l'emploi de cette espèce d'argot d'être à la fois plus précis et plus laconiques.

Parlons d'abord de Nancy.

On lit dans l'Abrégé chronologique de l'histoire de Lorraine, (2) par Henriquez, que « l'année » 1478 est remarquable par l'introduction de » l'imprimerie. Un nommé Didier Virion amena » de Paris un garçon qui commença à imprimer » des vers à la louange de René II. » De ce que fit après *ce garçon*, et de ce qu'ils devinrent lui et son art, pas un mot dans Henriquez. Ce silence est au surplus justifié par le titre de son livre. Un

---

(1) Auteur de l'*Essai phi'ologique sur les commencements de la Typographie à Metz et sur les imprimeurs de cetteville......* Metz, 1828. grand in 8º.

(2) Paris 1775, 2 vol. p. in-8, tome 1er, p. 144.

abrégé chronologique ne contient que la mention
succinte d'un événement, d'un fait historique
de quelque importance, rapporté sous sa date,
et quand l'auteur est exact, c'est-à-dire quand
il paraît avoir suivi les historiens les plus accré-
dités, on n'a rien à lui demander au delà. Je
laisse donc Henriquez ; j'ouvre Bexon, *Histoire
de Lorraine* (1), et le trouvant encore plus la-
conique, j'ai recours à Chévrier (2), que je citerai tout au long, parce que peu de personnes
connaissent son Histoire de Lorraine, dont il
n'existe pas dix exemplaires à Nancy.

« Cette année est remarquable en Lorraine,
» par l'introduction de l'imprimerie et les con-
» tradictions qu'elle y essuya de la part des
» moines ; cet art, que Brebeuf a si bien carac-
» térisé dans ce vers : *De peindre la parole
» et de parler aux yeux*, étoit venu de l'Al-
» lemagne en France dès le commencement de
» l'année quatorze cent soixante et dix, seize
» années après, (*) le nommé Didier Virion
» amena de Paris un garçon, qui commença
» à imprimer des vers à la louange de René ;
» les moines qui jusques là avoient été les
» dépositaires de tous les actes authentiques
» et secrets, craignirent que l'imprimerie ne
» nuisît à leur reputation, les Bénédictins qui
» étoient presque les seuls qui sussent écrire

(1) Tome 1er (le seul publié), Paris 1778, in-8, p. 187.
(2) Histoire civile, militaire etc., de Lorraine et de Bar, à
Bruxelles, 1758, p. in-12, tome 3, p. 317-19.
« (*) Chronique de Rémond Messein. »

» *utilement*, pretendirent que la licence et la
» corruption alloient s'étendre avec l'impres-
» sion, et appuyant leurs motifs interessés sur
» la facilité qu'il y auroit à donner des ouvrages
» anonymes, ils ébranlèrent les Magistrats, ceux-
» cy portèrent les plaintes des moines aux piés
» du trône, René trop occupé pour s'aperce-
» voir, qu'on vouloit le surprendre, ne chassa
» pas, il est vrai, l'imprimeur que Virion avoit
» amené dans sa capitale, mais il le rebuta faute
» de l'encourager, l'artiste retourna à Paris, les
» Bénédictins, qui se félicitèrent du départ de
» cet homme, ignoroient, sans doute alors, que
» les talens de leurs successeurs, seroient un
» jour le triomphe de l'art qu'ils éloignoient, cet
» ordre à qui l'Europe savante doit tant de li-
» vres utiles, a bien vengé l'imprimerie de la
» persécution qu'il avoit autrefois exercée contre
» elle. »

Quatre faits résultent de cette longue tirade
que la ponctuation n'interrompt que par des
virgules jetées avec désordre, où pas un point
ne permet au lecteur de reprendre haleine, et
qui, sous plus d'un aspect, peint à merveille
la parole d'un avocat bavard, travesti en historien, et parle aux yeux, comme il est à présumer que Chévrier parlait aux oreilles. C'est
qu'en 1485 ou 86, et non 1478, un imprimeur
venu de Paris, dans la capitale de la Lorraine,
y apporta les procédés de son art, ou plutôt
en montra l'expérience. C'est que les Bénédictins en prirent ombrage ; Chévrier n'explique

pas intelligiblement en quoi leur intérêt était lésé. C'est qu'à leur instigation , des magistrats, on ne dit pas lesquels, rendirent cet étranger suspect au duc René , et que, faute d'encouragements, le pauvre typographe fut contraint de porter ailleurs une industrie mal accueillie.

Où sont les traces de ces trois premiers faits? je laisse à part le quatrième qui , si les autres étaient prouvés, se trouverait suffisamment établi par l'absence de toute indication que la presse ait fonctionné à Nancy dans les dernières années du XVe siècle ? On les chercherait en vain. Les vers à la louange du duc René , imprimés probablement sur des feuilles volantes , tout au plus sur un cahier de quelques pages , ne sont point parvenus jusqu'à nos jours, et il n'est pas un écrivain qui témoigne d'en avoir eu connaissance. Les recueils imprimés et manuscrits des ordonnances de Lorraine, jusques et y compris celui de François de Neufchâteau , le plus intéressant de tous, sous le rapport historique, et à cause du grand nombre d'anciennes ordonnances qui y sont insérées ou mentionnées; ces recueils, dis-je, loin d'offrir, comme on pouvait l'espérer, des documents utiles à l'histoire locale de la typographie, ne contiennent pas même un de ces règlements auxquels la profession d'imprimeur, dans le duché de Lorraine , a dû tôt ou tard être soumise. Enfin, l'Histoire de Lorraine par Dom Calmet, ne dit pas un seul mot des faits rapportés par Chévrier; et supposé que la qualité de grand dignitaire de l'ordre des Bénédictins eût imposé

le silence à l'abbé de Senones sur des manœu-
vres qui ne faisaient pas honneur à sa robe, il
pouvait, comme il l'a fait maintes fois, concilier avec les devoirs de l'historien, une discrétion fort excusable dans sa position. Il suffisait pour cela de mentionner, à la date de 1476
ou 1486, l'introduction en Lorraine de la typographie, signalée par quelques produits éphémères, sans rien dire des causes qui l'empéchè-
rent de s'y établir. Mais lorsque notre savant
historien est resté muet sur un fait aussi intéressant, il est à croire qu'il n'en a pas eu connaissance. Il faut d'ailleurs remarquer qu'il ne
cite aucun livre imprimé en Lorraine avant la
Nancéide, c'est-à-dire, antérieurement à 1518.

Nous n'avons donc pour garants de cet apparition de l'imprimerie dans la ville de Nancy,
que Chévrier, puis Henriquez et Bexon. Or,
ceux-ci n'indiquent pas à quelle source ils ont
puisé, et Chévrier, à qui probablement ils ont
emprunté ce fait en lui donnant, par inadver-
tance, une autre date, cite pour autorité une
chronique de Rémond Messein inconnue à tous
les historiens de la Lorraine, lui seul excepté.
Le nom même du chroniqueur est tout à fait
ignoré. Il est fâcheux qu'on ne puisse pas remonter à la source où Chévrier dit avoir puisé;
car l'auteur du *Colporteur* n'est pas un de ces
écrivains, d'ailleurs peu nombreux, qu'on doit
croire sur parole et dont les citations n'ont pas
besoin d'être vérifiées.

Les objections ne se bornent pas là. La date

de 1478 sous laquelle Henriquez, copié par
Bexon, a placé l'arrivée à Nancy de l'imprimeur
amené par Didier Virion, est en quelque sorte
contredite par celle de 1482 que porte le premier livre imprimé à Metz, ville qui, à une
importance bien supérieure à celle de Nancy,
au XVe siècle et dans les premières années du
XVIe, joignait l'avantage d'une civilisation plus
avancée et de relations bien autrement fréquentes avec l'Allemagne, d'où l'imprimerie, récemment inventée sur les bords du Rhin, s'est répandue dans les contrées voisines. Ce volume
dont la bibliothèque publique de Metz possède
un exemplaire, peut-être unique, est sorti des
presses de frère Jean Colini, de l'ordre des
Carmes et de Gérard de Villeneuve, il est imprimé en caractères gothiques, format in-4°, et
contient le premier livre de l'Imitation de J.-C.
Ce n'est pas ici le lieu d'en donner une plus
ample description : je ne l'ai cité qu'à cause
de sa date postérieure à 1478, et parce que, dans
la situation relative de Metz et de Nancy, pendant le demi-siècle qui suivit immédiatement
l'invention de l'imprimerie, il me paraît peu
probable que cet art ait été introduit d'abord
dans la moins importante de ces deux villes et
au milieu des ruines encore fumantes qui, au
commencement de 1477, marquaient dans toute la
contrée et jusque sous les murs de Nancy les
traces de Charles-le-Téméraire.

Il n'est guère moins difficile d'admettre l'accusation portée par Chévrier contre les Bénédic-

tins qui, dans notre pays, auraient, s'il faut
l'en croire, suscité des obstacles et presque
des persécutions à l'imprimerie naissante, lorsqu'on voit le clergé séculier et régulier de l'I-
talie, et particulièrement des États Romains,
s'empresser de recueillir les ouvriers de Guttemberg et de Schoeffer dispersés après la prise
de Mayence, en 1462, et leur prodiguer les
moyens de reprendre l'exercice de leur profession. N'est-ce pas du monastère du Subbiaco,
où Schwenheim et Pannartz avaient établi leurs
presses, que sont sortis la célèbre édition de
Lactance datée de 1465, le Ciceron, *de Oratore*,
sans date, et le saint Augustin de *Civitate Dei*,
achevé d'imprimer en 1467? N'est-ce pas à
Guillaume Fichet et à Jean de la Pierre, celui-
ci prieur, l'autre prêtre de la maison de Sorbonne, que Paris fut redevable de l'introduction de l'imprimerie? n'ont-ils pas fait venir
d'Allemagne Ulrich Gering et ses deux associés;
et une des salles de la Sorbonne n'a-t-elle pas
été pendant trois ans l'atelier de ces habiles
typographes? Ce ne sont pas des faits isolés que
je rappelle, ce sont des exemples cités entre
tant d'autres que me fourniraient au besoin la
France, l'Allemagne et l'Italie. Parlerai-je de
ces prêtres, de ces moines, d'abord apprentis
de leurs hôtes, puis initiés par eux dans les secrets de la typographie et devenus maîtres à
leur tour, portant et appliquant eux-mêmes à
Naples, à Vienne, à Bresse en Lombardie, à
Munster en Argovie, et dans combien d'autres

villes, les procédés de cet art perfectionné par
leur patience ou leur génie? Faut-il rappeler le
souvenir de ces Frères de la Vie Commune, imprimeurs à Bruxelles, où jusqu'au XVIe siècle
ils ont été sans concurrents , à Nuremberg et
ailleurs?

Mais pourquoi ces exemples pris au loin,
lorsqu'il en est de bien connus dans la contrée
que nous habitons? Pierre Jacobi, qui a imprimé
la Nancéide, à Saint-Nicolas-de-Port, n'était-il
pas prêtre? Jean Colini, à qui Metz doit le
premier livre imprimé dans ses murs, n'était-il
pas moine, et de l'ordre des Carmes, qui, si
je suis bien informé, n'a jamais été renommé
pour la science?

En présence de faits nombreux qui témoignent
avec éclat de l'accueil bienveillant et protecteur
que le clergé fit à la typographie naissante, de
la part active et personnelle que bientôt après
des prêtres séculiers et des moines de différents
ordres pi irent à son extension, il m'est, je le
répète, difficile de croire à l'assertion de Chévrier. Je dirai plus, il me resterait encore des
doutes après avoir lu dans la chronique même
de Remond Messein, supposé qu'elle s'y trouvât,
cette accusation peu vraisemblable contre les
Bénédictins, dont les cloîtres, *oasis* des lettres
et des arts, en ont conservé le précieux dépôt à
travers les siècles d'ignorance et de barbarie,
contre cet ordre qui se glorifie d'avoir produit
les Trithème, les Ruinard, les Mabillou, les
Calmet et tant d'autres hommes justement cé-

lèbres, et par la science qu'ils possédaient, et par les travaux au moyen desquels ils l'ont si largement propagée. Que dans le siècle suivant les Bénédictins et tout le clergé de la Lorraine se soient montrés inquiets, irrités même des progrès de l'hérésie qui s'avançait vers eux à grands pas, favorisée par la presse autant que par la prédication, qu'ils aient tenté de priver Luther et ses disciples d'un puissant moyen d'accroître leurs prosélytes; qu'à l'aide des magistrats ils aient suggéré au prince de briser l'instrument dont ces adversaires se servaient avec tant de succès : voilà ce que je veux bien croire, quelque part que je le trouve écrit et sans trop discuter la foi due à l'historien.

À cette autre époque plus tardive d'environ quarante ans, les Bénédictins pouvaient se croire intéressés non pas seulement à arrêter l'imprimerie dans ses progrès, mais encore à l'anéantir en Lorraine ; et, reportée à cette date, l'imputation que leur fait Chévrier cesse d'être invraisemblable. Il est d'ailleurs un fait constant dont la cause est inconnue, mais que je crois impossible d'expliquer autrement que par les rigueurs ou tout au moins le mauvais vouloir du Gouvernement ducal, mis en défiance contre la presse, c'est que la typographie lorraine, qui s'était signalée au commencement du XVIe siècle par des ouvrages d'une exécution remarquable, n'a plus rien produit, pour ainsi dire, dans l'intervalle de 1519 à 1545, c'est-à-dire dans les années qui précédèrent et suivirent cette guerre de religion, qu'on appelle la guerre des Rustauds. Je reviendrai sur cette particularité d'autant plus digne de remarque, que partout ailleurs ce temps a été fécond en produits typographiques, et qu'alors les arts commençaient à fleurir en Lorraine sous le règne du bon duc Antoine.

Quoi qu'il en soit, les divers faits rapportés par Chévrier sur la foi de Rémond Messein sont tout au moins contestables, s'ils ne sont controuvés. D'ailleurs fût-il démontré qu'on a imprimé à Nancy, dans le XVe siècle, des vers à la louange du duc René, s'ensuit-il que Nancy doive être considéré comme le berceau de l'imprimerie en Lorraine ? Peut-on qualifier sérieusement de titres typographiques des productions dont il n'est rien resté, que personne ne dit avoir vues ,des impressions obtenues selon toutes les apparences au moyen de planches fixes et d'une seule pièce, en métal fondu ou en bois sculpté, car ce procédé qui n'est que le prélude de l'imprimerie en caractères mobiles, inventée et pratiquée par Guttemberg, a été longtemps employé en concurrence avec elle pour des ouvrages éphémères ou de peu d'importance, imprimés seulement d'un seul côté sur une feuille volante? Non, en vérité! Si de tels ouvrages, qui ne sont autre chose que la gravure appliquée à la représentation du discours écrit, suffisaient pour établir la priorité entre plusieurs villes dont la prétention est d'avoir vu naître la typographie dans leurs murs, ce n'est pas Mayence qu'il faudrait mettre à la première place ,

ce serait Harlem ; et encore cette ville aurait-
elle été devancée de bien des années par la
Chine, où l'imprimerie tabellaire existait dès
le Xe siècle. Et même, en ce qui concerne l'imprimerie en caractères mobiles, la seule et véritable typographie, si l'honneur de lui avoir
donné naissance appartenait à la ville où l'idée
de la substituer au procédé tabellaire a été
conçue, où cette pensée féconde a reçu un
commencement d'exécution, si, dis-je, cette
ville devait être préférée à celle où l'invention de Gutemberg ne s'est produite au grand
jour que complète dans ses procédés, et parfaite dans ses produits ; ce n'est pas non plus
Mayence, mais Strasbourg, qu'il faudrait appeler
le berceau de la typographie. L'opinion la plus générale et la plus constante n'en a pas décidé ainsi.
Les raisons qui l'ont déterminée doivent, ce me
semble, recevoir leur application, lorsqu'il s'agit
de classer dans l'ordre chronologique les villes
de l'ancienne Lorraine, où la typographie a été
successivement introduite ; et Nancy, où, dans
l'hypothèse la plus favorable, elle n'aurait fait
que se montrer en passant, Nancy doit céder le
pas à telle autre ville que nous verrons pourvue
la première d'un établissement d'imprimerie
en caractères mobiles, dont les produits encore
subsistants, attestent l'existence et la mise en
œuvre.

J'examinerai tout-à-l'heure si Nancy, écarté
de la première place, doit au moins en conserver
une parmi les villes de Lorraine où l'impri-

merie s'établit au commencement du XVIe siècle ; et comme il est possible qu'en résultat de mes recherches, notre capitale ne figure pas même au second rang, je m'excuse à l'avance par cette parodie d'un mot célèbre.

Amica civitas, sed magis amica veritas.

Quelle est donc cette ville de Lorraine que la bibliographie doit inscrire dans ses fastes avant la capitale du duché, j'ajouterai même avant Toul et peut-être finirai-je par dire que Toul n'a fait que lui emprunter ses presses. Je l'ai nommée, c'est Saint-Nicolas-du-Port, que les géographes trop confiants à l'apparence ont reléguée parmi les bourgs, au mépris des titres qui dès le XVe siècle la qualifièrent de ville, des armes qui lui furent données par le bon duc Antoine, et confirmées en 1546 par la régence du duché de Lorraine. Aucun d'eux probablement n'avait vu ces belles armes *d'ung champ d'or à une navire maillée, hunnée, cordée de sable, flottant sur undes d'azur et d'argent de cinq pièces, au chief de gueulle, à l'alérion d'argent....* que les habitants de Saint-Nicolas-du-Port avaient droit de porter *en cérémonie...*, *en tous lieux..., pour signes et enseignes de ladicte ville et communaulté.* Au reste cette irrévérence des géographes envers la ville de Saint-Nicolas est de beaucoup surpassée par M. Dibdin dans la relation de son voyage en France, mise au jour il y a une quinzaine d'années : (1)

(1). Voyage bibliog., archéol. et pittor. en France, par le Rév.

il trouve un aspect fort misérable *à cet endroit
qui possédait autrefois une presse d'où est sorti
LE LIBER NANCEIDOS* et tout en admirant son
église, il s'étonne de rencontrer un si vaste et
si bel édifice dans un tel lieu. Le voyageur anglais ajoute, il est vrai, pour correctif: *mais ce
village était peut-être jadis une cité grande et
florissante.*

M. Dibdin ne se trompait pas dans cette
conjecture, et il avait grandement raison de glorifier dans le passé cette pauvre ville si maltraitée
par lui dans le présent, et qui sous sa plume est
réduite aux humbles proportions d'un village.
S'il y eût fait une halte un peu plus longue, s'il
eût bien voulu s'enquérir de ce que fut Saint-Nicolas-du-Port, on lui aurait fait remarquer comme
un témoignage de son ancienne étendue *la rue
des Orfévres*, (1) aujourd'hui bordée de haies,
traversant des vergers et des vignes entre lesquels sont éparses quelques maisons; on lui
aurait montré l'emplacement qu'occupait la
Bourse, bel et vaste édifice démoli vers la fin du
XVIIIe siècle, et il eût pu voir une partie des
bas-reliefs qui le décoraient, et que le ciseau du

Th. Frognall Dibdin; trad. de l'Angl. Paris Crapelet 1825. 4 vol.
in-8°. T. 4, p. 277.

(1) Au moment de mettre sous presse, j'apprends que j'ai été
induit en erreur sur la situation de la rue des Orfévres. Ce nom
appartient à une ruelle inhabitée, mais non pas inodore, qui
commence derrière l'église et traverse un espace considérable occupé aujourd'hui par des jardins. On n'y rencontre de maisons
que celles entre lesquelles elle a son étroite ouverture dans la
grande rue. Du reste, là, comme dans l'emplacement où je la
supposais, son nom témoigne de l'étendue qu'avait autrefois la
ville de Saint-Nicolas.

tailleur de pierres n'avait pas encore, il y a quinze ans, transformés presque tous en œils-de-bœuf et en pierres d'évier.

Au commencement du XVIIe siècle, un savant voyageur, Mérula, étranger comme M. Dibdin, avait aussi traversé la Lorraine et s'était arrêté à Saint-Nicolas, dont il parle en ces termes : (1) *Nanceium dignitate sequitur fanum S^{ti}. Nicolai, vulgo S.-Nicolas, duobus indè distans versus orientem milliaribus, ad Murtam fluvium. Loco plano et fertili. Templum non magnæ est antiquitatis, sed vastæ molis, editæ structuræ. Columnæ, quæ totum fastigium sustinent, tantæ sunt gracilitatis, tum altitudinis, ut tanto oneri ferendo vix judicentur pares. Turres habet duas...* etc. Après quelques autres détails sur l'église de Saint-Nicolas, et je les supprime ici parce qu'on les trouve reproduits en d'autres termes dans la Notice de la Lorraine par D. Calmet, Mérula parle de l'endroit lui-même *qui advenarum frequentiâ in eam excrevit amplitudinem, ut jam non pagum, sed Urbem et quidem totius Lotharingiæ cultissimam, quis posset dicere, si muro clauderetur. Ea est œdificiorum venustate, apta viarum dispositione, incolarum multitudine, ut nihil requiri queat. Sed ob mercaturam præcipue et omnis generis opificia commendatur. Mercatores habet perquam opulentos vicinis suis ditiores.*

Telle était la ville de Saint-Nicolas avant la

(1) Paulli G. F. P. N. Merulæ Cosmographiæ generalis libri tres.... Amsterodami. Apud Jodocum Hondium 1621 in-fol. p. 487.

guerre de trente ans, et ce que j'ai à dire de
son ancienne splendeur ne se borne pas au témoignage de Mérula. On aura sans doute à me
reprocher une digression quelque peu longue,
mais je tiens à ne rien omettre de ce qui peut
contribuer à l'illustration d'une ville, dont la
décadence est la suite des ravages essuyés par
elle, durant cette lutte inégale que la Lorraine
eut à soutenir contre les armées de Louis XIII
et de Louis XIV, et dans laquelle notre vieille
patrie ne succomba pas sans gloire. C'est vraiment une dette à payer à Saint-Nicolas-du-
Port : car dévastée plusieurs fois par le fer et la
flamme, en proie aux bandes suédoises, dont le
sinistre étendard (1), précurseur de l'incendie,
fut arboré sur les tours de son église en 1635, dé-
peuplée par la famine et la peste, le destin lui fit
une large part dans les calamités de notre pays
au XVIIe siècle.

J'ai dit que Saint-Nicolas avait son hôtel de
la bourse; voici ce que la tradition m'en a appris.
La façade de cet édifice occupait le côté septen-
trional de la place, entre la petite rue qui sert
de prolongement à la grande voie de Nancy à
Strasbourg, et la rue du Haut-des-Chênes. Ses
débris ont servi à bâtir dans le même emplacement trois maisons dont les fenêtres, modernes

(1) Le père Vincent rapporte dans son histoire (MS) de Lorraine, composée vers la fin du XVIIe siècle « qu'on voyait peint
» sur les étendards des Suédois auxiliaires de Louis XIII, une figure
» humaine fendue du haut en bas, environnée de soldats, tenant
» d'une main l'épée, de l'autre la torche, au dessous on lisait :
» LORRAINE.

dans leurs dimensions, sont formées de pierres
taillées dans le goût du XVIe siècle: ce sont probablement les anciennes tailles que l'architecte
aura fait servir, et il ne pouvait mieux faire.
L'hôtel de la Bourse était entièrement construit
en pierres de taille, et, à en juger par plusieurs
bas-reliefs sauvés de la destruction, ainsi que
par quelques pilastres sculptés dans le style de la
renaissance, il datait du milieu du XVIe siècle,
époque où fut terminée l'église, dont les travaux
avaient dû rassembler à Saint-Nicolas un nombre
considérable d'artistes et d'ouvriers. Des bas-
reliefs séparés entre eux par ces pilastres, dont
l'arrière-corps servait d'encadrement, décoraient une vaste galerie, telle qu'il en existe
en Allemagne et en Belgique dans les édifices
consacrés aux réunions journalières des négo-
ciants. On en comptait au moins quatre-vingts
et ils représentaient des sujets de l'ancien et
du nouveau testament. Les cheminées et les pla-
fonds étaient également enrichis de sculp-
tures, et au-dessus du toit s'élevait une tourelle
en pierres, dans laquelle était une horloge remarquable par un Jacquemart qui, se montrant
à toutes les heures, les frappait de son marteau
sur une cimbale, en ouvrant une large bouche.
On pourrait se demander à l'occasion de cette
dernière particularité si ce n'est pas ce Jacquemart, baillant ou s'efforçant de crier, qui a fait
donner aux habitants de Saint-Nicolas l'épithète
de *baillas*, baillards ou braillards, que le peuple
des lieux voisins leur a soigneusement conser-

vée, ou s'ils la doivent, et alors il faudrait écrire *bayards*, à cette curiosité, naïvement béante, avec laquelle on dit qu'ils contemplent les passants. C'est une question que je n'entreprends pas de résoudre. Quoi qu'il en soit, ce personnage grotesque et la tourelle (1), théâtre de l'utile emploi qui lui était confié, n'existaient déjà plus quand on a démoli la Bourse de Saint-Nicolas, qui, déchue de sa destination primitive, n'était plus alors que la poste aux chevaux. C'était aux approches ou dans les premières années de la révolution, et il n'en faut pas dire davantage pour expliquer la perte des monuments de sculpture que renfermait cet édifice. Personne, au milieu des préoccupations politiques de l'époque, ne songea à conserver ces précieux restes des arts et de la civilisation de la Lorraine au XVIe siècle. Le maître maçon, adjudicataire du vieux bâtiment qui attestait l'ancienne splendeur de Saint-Nicolas-du-Port, n'y vit qu'une riche carrière de pierres de taille déjà dégrossies et d'une extraction facile. Les colonnes équarries et morcelées devinrent des marches d'escalier et des seuils, les pilastres furent taillés en jambages et en plates-bandes, et les bas-reliefs employés à divers usages, suivant l'épaisseur et les dimensions de la pierre, sont aujourd'hui, comme

(1) Je dois dire que la tradition varie sur l'emplacement de cette tourelle. D'après les renseignements qui m'ont été récemment donnés, elle ne dépendait pas de l'Hôtel de la Bourse, mais de la Kaphouse, grande et vieille maison dont la destination commerciale est indiquée par son nom, et qui était située près de l'hôtel de ville, sur le même alignement.

je l'ai dit plus haut, des pierres d'évier, des œils-
de-bœuf et des pavés. Il en était resté sept, que
grâce à leur peu d'épaisseur le tailleur de pierre
avait rebutés : j'en suis aujourd'hui possesseur
ainsi que de quelques pilastres à double arrière-
corps. Je les crois de pierre de Savonnière. Cinq
de ces bas reliefs offrent des sujets de l'Ancien
Testament, entre autres Joseph retiré de la citerne
et Judith emportant la tête d'Holopherne, le
septième représente la femme adultère, conduite
les mains liées devant J.-C. Leur exécution généralement soignée ne paraît pas être l'œuvre
d'un même artiste ; et outre qu'à l'époque des
derniers travaux de l'église, et quand il ne s'agissait plus que de l'embellir, la réunion à Saint-
Nicolas de plusieurs *tailleurs d'imaiges*, comme
on les nommait alors, se conçoit aisément, les
figures courtes et ramassées d'un de ces bas-reliefs indiquent un sculpteur qui n'avait pas encore substitué aux dessins gothiques du XVe
siècle, les modèles donnés par Jean Goujon aux
artistes de la renaissance.

Je reviens à la typographie. Le lecteur me
pardonnera la digression à laquelle je viens de
me livrer, j'en ai dit le motif et j'en avais un
second. C'est le silence presque complet gardé
par tous les historiens sur l'état des beaux-arts
en Lorraine, silence inexplicable, autrement que
par le grand nombre de monuments qu'ils avaient
sous les yeux, et à l'égard desquels l'habitude
avait fait naître l'indifférence. Nous n'en sommes
plus là ; au temps actuel l'indifférence a fait place

à de justes regrets et au besoin vivement senti de recueillir et de sauver de la destruction d'abord, puis de l'oubli, chance de destruction dans l'avenir, le peu qui reste des monuments de notre ancienne nationalité, de la gloire acquise par nos aïeux, de leur civilisation, des sciences et des arts qu'ils ont cultivés.

En assignant à Saint-Nicolas-du-Port la première place parmi les villes de Lorraine où s'est établie l'imprimerie dans le demi-siècle qui a suivi sa découverte, je n'entends pas dire qu'elle ne lui sera pas disputée quelque jour, si Saint-Diey parvient à recouvrer un imprimé du XVe siècle dont l'histoire de cette ville, récemment publiée par M. Gravier, a révélé l'existence ignorée jusqu'alors, mais avec une description trop incomplète pour qu'il soit possible, aujourd'hui que ce produit typographique est malheureusement perdu, de déterminer avec certitude s'il a été imprimé en caractères mobiles ou s'il est dû au procédé xylographique. Il en sera question à la date du livre qui, le premier de ceux dont l'existence est certaine, est sorti des presses de Saint-Diey.

Pendant longues années on a ignoré l'existence des Heures de la Vierge, imprimées à Saint-Nicolas par P. Jacobi sous la date de 1503, et on ne citait d'autre produit de la typographie de cette ville que le *liber Nanceidos*, dont nous devons à M. Schütz une traduction élégante et fidèle, à laquelle je renvoie ceux qui voudront connaître, autrement que sous le rapport bibliographique, cette épopée de Pierre de Blarru, lorraine par son titre, par le sujet qu'elle célèbre, par son auteur, chanoine de Saint-Diey, enfin par les presses qui l'ont mise au jour. Sa date de 1518 postérieure à celle d'un autre livre publié à Toul par le même imprimeur et dont il y a trois éditions, les deux premières, datées de 1505 et 1509, semblait avoir irrévocablement fixé au-dessous de cette ville la place de Saint-Nicolas dans nos annales typographiques. La découverte des Heures de 1503 a eu pour effet d'intervertir cet ordre ; la priorité incontestable de St.-Nicolas a été proclamée par les bibliographes, et la ville épiscopale est descendue à la seconde place. Je vais essayer de prouver qu'elle n'a pas même droit d'y rester et j'argumenterai du titre sur lequel étaient fondées ses prétentions à la première place, c'est-à-dire du livre que je viens d'indiquer et dont il est convenable de décrire ici les trois éditions. Je dois dire que j'emprunte cette description au savant et exact Brunet, l'oracle dela bibliographie; car ils'agit d'un livre d'une extrême rareté, malgré les réimpressions nécessitées probablement par le succès qu'il a obtenu.

Il a pour titre :

De artificiali perspectiva viator. Son format est in-folio. Les 46 feuillets dont se compose la première édition sont occupés en partie par le texte latin, imprimé en caractères gothiques, partie par de grandes planches tirées d'un seul côté, et les quatre derniers par le texte français imprimé après la souscription, en sorte qu'il pourrait manquer sans qu'on s'en aperçût. Le silence de M. Brunet sur cette souscription autorise à croire que, sauf la date de 1505, elle ne diffère en rien de celle de l'édition suivante, dont la bibliothèque Mazarine possède un exemplaire.

La seconde édition porte au titre :

De artificiali pspectiva viator secvndo. Suivant M. Teissier (1) ces deux derniers mots sont séparés des premiers par une vignette, puis vient ce distique :

Pinceaux, burins, acuilles, lices,
Pierres, bois, métaux, artifices.

Quoi qu'il en soit voici la souscription : *Impressum Tulli anno catholice veritatis quīgētesimo nono ad millesimū..... Solerti opera petri iacobi pbrī Incole pagi Sancti Nicolai.... in fol.* goth. de 29 feuillets en tout, sans chiffres, sign. A–C.

Cette édition a 17 feuillets de moins que la première. M. Brunet explique cette différence, qui provient, dit-il, de ce que les grandes planches, tirées d'un seul côté dans l'édition de 1505, sont imprimées des deux côtés dans les deux autres, lesquelles indépendamment de la traduction française, imprimée à la suite des passages latins du texte, contiennent au bas de certaines planches des inscriptions rimées, également en français, et notamment seize vers au fol. 28 ou 8ᵉ du cahier C.

La troisième édition, qui est à la bibliothèque

(1) Au livre déjà cité p. 265, 266.

de l'Arsenal, a été publiée en 1521. Elle a pour titre, suivant les renseignements transmis à M. Teissier :

De artifi^{li} pspec^{va} viator ter^{o}.

Ce n'est que la première ligne, car sur le titre de cette édition, dit M. Brunet, se lisent 18 vers français qui ne sont pas dans les deux premières. Ses feuillets sont au nombre de 30 dont le dernier en blanc au verso. Enfin, suivant M. Teissier, cette édition contient quelques dessins de plus et la souscription est, à la seule différence de date, la même que dans celle de 1509.

Ce livre est décoré de belles gravures en bois au simple trait. Son auteur est Jean Pélegrin ou Péregrin, chanoine de Toul, qui suivant l'usage du temps, ou parce qu'il avait réellement voyagé, est désigné par le mot *viator*, synonyme latin de *peregrinus*. Pélegrin était angevin, il avait été secrétaire de Louis XI. Il mourut en 1523. Son traité de la perspective paraît avoir été long-temps en usage, car dans le siècle suivant on l'imprimait encore sous ce titre : *La perspective latine de Viator, latine et française, revue, augmentée et réduite de grand en petit. La Flèche, 1635, in-8°.* L'histoire de la ville et de l'évêché de Toul, par le P. Benoît Picard, et la bibliothèque Lorraine de Dom Calmet, contiennent, au sujet de Pélegrin, d'autres détails qu'il serait inutile de répéter ici.

On ne connaît aucun autre livre imprimé à Toul dans la première moitié du XVIe siècle.

Pour apprécier à sa juste valeur celui-ci comme preuve d'une imprimerie existant dans cette ville en 1505, il suffit, ce me semble, d'en lire attentivement la souscription, et de se rappeler que deux ans auparavant Jacobi exerçait la typographie à St.-Nicolas-du-Port. *Impressum Tulli... Solerti opera presbyteri Petri Jacobi, incolæ pagi Sancti Nicolai.* Imprimé à Toul par l'industrie de *Pierre Jacobi*, prêtre, habitant du bourg de *St.-Nicolas*. Cela veut-il dire que Jacobi avait un établissement typographique à Toul en même temps qu'à St.-Nicolas, ou que suivant le besoin il transportait alternativement ses presses d'un lieu à l'autre ? Non certes ! car il a pris soin de se dire habitant de St.-Nicolas, et son habitation était nécessairement le siége de ses presses. M. Brunet le qualifie de curé de St.-Nicolas, je ne sais sur quoi il se fonde pour lui donner ce titre, que je crois tout au moins hasardé. Mais si réellement Jacobi exerçait à la fois, dans ce lieu, la profession d'imprimeur et les fonctions pastorales qui obligent à une résidence constante, il est de toute invraisemblance qu'en même temps il ait pu diriger ou surveiller un établissement typographique, formé dans une autre ville, à la distance de huit lieues, dont le trajet ne se faisait pas alors, surtout au travers de la forêt de Haye, avec autant de facilité, de promptitude et de sécurité que de nos jours. Est-ce d'ailleurs au commencement du XVIe siècle, quand la typographie ne faisait que pénétrer en Lorraine,

qu'on peut supposer l'existence simultanée de
deux imprimeries fondées par le même homme,
dans deux villes différentes? Il en eût coûté trop de
soins et de dépenses, eu égard surtout aux besoins
de publication qu'on avait à satisfaire; car il faut
bien remarquer que Jacobi n'était pas imprimeur
de l'évêque de Toul, il n'en prend pas le titre,
tandis qu'il se donne celui d'imprimeur du duc
de Lorraine. De toute la liturgie de l'évêché de
Toul on ne lui voit imprimer que les Heures
de la Vierge, et il les imprime *pour le roy
de Sicile, duc de Lorraine et de Bar*. Les autres livres de liturgie à l'usage de Toul, grandes
heures, bréviaire, missel, graduel, rituel, sont
imprimés à Paris et se vendent à Paris. (1) Il
fallait, pour publier ces livres de liturgie, le
privilége de l'évêque de Toul, sans lequel ils
n'auraient pas eu un libre cours dans le diocèse,
et il est probable que le typographe ou bibliopole, concessionnaire de ce privilége lucratif,
était aussi chargé des menues impressions. A quoi
donc eût servi, je ne dirai pas seulement l'établissement à Toul du personnel et du matériel
d'une imprimerie, mais même la translation al-
ternative des presses de P. Jacobi dans cette
ville et à Saint-Nicolas-du-Port ?

Qu'on me produise d'autres livres imprimés
à Toul par P. Jacobi, et j'admettrai comme fait

(1) On trouvera à la fin de cette première partie des Recherches
sur la typographie Lorraine, une notice assez complète des livres
liturgiques de l'église de Toul, imprimés à Paris, à une époque
contemporaine des premiers travaux de la typographie en Lorraine.

avéré, la moins invraisemblable de ces deux hy-
pothèses, c'est-à-dire la dernière ; mais jusque-
là je me refuse à voir dans l'impression , bien
que trois fois répétée, de l'ouvrage du chanoine
Pélegrin, autre chose qu'un fait accidentel, isolé,
dû à quelque circonstance particulière, déterminé par quelque motif personnel à l'auteur ou au
typographe. Etait-ce un acte d'amitié ou de dé-
férence envers Pélegrin , désireux de surveiller
de près l'impression de son traité de perspective,
livre où des gravures sont entremêlées au texte,
et qui, plus que tout autre, avait besoin d'être soigneusement et correctement exécuté? Jacobi avait-
il en vue de complaire à l'évêque de Toul et
à son chapitre, en faisant manœuvrer sous leurs
yeux l'appareil d'une typographie bien organisée, dirigée par des mains habiles, et d'obtenir
par cette exhibition de son savoir-faire le privilége d'imprimer les livres liturgiques du diocèse ? Quoi qu'il en soit, de tout ce qui précède
je crois pouvoir conclure que, loin d'avoir de-
vancé ou de suivre immédiatement St.-Nicolas
dans la carrière typographique, Toul n'a pas
même eu d'imprimerie établie dans ses murs à
une époque contemporaine des derniers ouvrages
imprimés en cette ville; que les trois éditions de
l'ouvrage de Pélegrin, datées de 1505, 1509 , et
1521, sont les produits des presses de St-Nicolas
transportées momentanément à Toul, où elles
n'ont pas été employées à d'autres publications ;
qu'ainsi notre cité épiscopale, n'ayant réellement
possédé qu'une imprimerie d'emprunt, ne doit

plus figurer dans le très-petit nombre des villes de la contrée, qui au commencement du XVIe siècle furent dotées d'établissements typographiques.

J'ai dit que semblable question se présentait pour Nancy, et j'ai promis de la discuter. C'est ici le lieu.

Le nom de Nancy figure sur un livre, dont un exemplaire que j'ai sous les yeux porte la date de 1510. M. Brunet en décrit un semblable ; des catalogues de livres, rédigés avec plus ou moins de soin, font mention d'exemplaires datés de 1509 et même de 1505, mais il est à croire qu'il y a erreur au moins quant à ces derniers, et qu'on aura pris pour un V la lettre X de la date imprimée en minuscule gothique. Voici le titre et la description de cet ouvrage, qui au mérite de son exécution joint celui d'être la première histoire de Lorraine, que la typographie ait mise au jour.

Le recueil ou croniques des hystoires des royausmes daustrasie ou france orientale, dite a present lorrayne, De hierusalem, de Cicile Et de la duche de bar. Ensemble des sainctz contes et euesques de toulx contenant sept liures tant en latin que en francoys..... Oultre ce que dessus y est adiouste le liure intitule Lordre de cheualerie, par lequel est demonstre comme les cheualiers se doibuent faire et les vertus qui doibuent estre en eulx. Suit le détail des sept livres, puis une préface latine terminée par ces mots *Champier. Venundātur apud nanceium primarium lotharingie oppidum.* Il y a des

exemplaires qui portent au même endroit *Ve-*
nundantur in vico mercuriali apud Lugdunum,
in officina Vicentii de Portunariis de Tridino.
C'est pourquoi ce livre est annoncé par les bibliographes, tantôt comme imprimé à Lyon,
tantôt comme imprimé à Nancy.

On lit à la fin. *Cy finit le recueil... ensem-*
ble lordre de chevalerie, compose a nancy en
lorrayne et finy lan de grace mil ccccx, le di-
xiesme de mars par maistre Simphorien cham-
pier côselier et premier medecin de tres hault et
puissant prince monseigneur le duc de lorrayne,
de calabre et de Bar etc. 1 vol. pet. in folio de
109 feuillets en tout, non chiffrés, dont les 19
derniers sont occupés par l'Ordre de chevalerie.
Sign. a — s. IIII point de réclames, fig. en bois (1).

Des exemplaires de l'Ordre de chevalerie se
rencontrent séparés de la Chronique d'Austrasie
et ils portent cette souscription différente de
celle des volumes où les deux ouvrages sont réunis. *Cy finist lordre de cheualerie... lequel li-*
vre a este nouuellement imprime a Lyon sur le
rosne et acheue le xi iour de iuillet lan de grace
mil cinq cens et dix, pour Vincent Portunaris
de Trinc libraire demourant audict Lyon en la
rue merciere. Il paraît que la Chronique d'Austrasie se trouve aussi séparément, et comme aucune souscription ne termine les 90 feuillets
dont elle se compose, que l'épître dédicatoire
de l'ouvrage à Hugues des Hazards Evêque de

____

(1) Ici et ailleurs j'ai cru devoir remplacer par des points et des
virgules les signes de ponctuation en usage au XVIe siècle.

Toul est datée de février 1509, on comprend pourquoi certains catalogues donnent à ce livre la date de 1509, lors surtout, que dans la reproduction de son titre ils omettent *l'Ordre de Chevalerie*. Peut-être aussi la Chronique d'Austrasie a-t-elle été publiée à part en 1509, et l'Ordre de Chevalerie en 1510, époque où on crut convenable de livrer à la vente les deux ouvrages réunis ; mais en tout cas, il ne paraît pas qu'il y ait eu plus d'une édition de l'un et de l'autre.

Ce livre se vendait à Nancy et à Lyon ; quelle est de ces deux villes celle où il a vu le jour.

M. Teissier discute cette question. « Champier, dit-il, était premier médecin du duc » Antoine. C'était pour plaire à son souverain » qu'il lui donna Godefroy de Bouillon pour » ancêtre, et qu'il fit remonter l'origine de la » Maison de Lorraine jusqu'à Adalbéron, fils » prétendu de Clodion-le-Chevelu.

» Cet ouvrage qui devait exciter des réclama- » tions et des plaintes, n'avait-il pas besoin de » paraître dans les états même du duc? Champier » l'écrivit et le termina à Nancy, le 10 mars » 1510, il le dédia à l'évêque de Toul. Ne sont- » ce pas des indices qu'il ne chercha pas une » imprimérie éloignée, et que ce fut sous ses » yeux, sous ceux du duc que fut publié ce » volume? J'ai fait examiner à la bibliothèque » du Roi, l'ouvrage de Champier et les pro- » ductions typographiques de Lyon, au com- » mencement du seizième siècle, chez Jacques » Arnollet et Guillaume Balsamin ; un homme

» instruit et exercé m'écrit : Les caractères em-
» ployés à Lyon, à cette époque, étaient plus
» maigres et d'une approche plus serrée que ceux
» du livre dont il est question. L'impression de
» celui-ci est belle; le caractère un peu gras,
» bien proportionné et agréable à l'œil : ce ca-
» ractère correspond au *Saint-Augustin* actuel,
» ou au 14 *points* typographique. Je n'hésite
» donc pas à déclarer que ce livre n'a pas été
» imprimé à Lyon, et que cette ville n'a eu
» d'autre mérite que celui de le vendre. »

Il est piquant de montrer en défaut, sur la
même question, les observations d'une justesse
parfaite que du reste M. Teissier soumet aux
bibliographes, sans trop se prononcer, et les
connaissances pratiques de l'expert en typographie par lui consulté. Je vais le faire sans m'attribuer le mérite d'une découverte dont M. Brunet a consigné le résultat dans ses *Nouvelles
Recherches Bibliographiques*. Il me suffira de
transcrire les premières lignes d'une épître en
français, bigarré de latin, qu'adresse à Pierre
Pitot, *docteur es arts et en médecine*, l'historien
et poëte Jehan Le Maire de Belges, contemporain
de Champier, et qu'on peut lire tout entière à la
fin du volume. Comme ce n'est point un intitulé,
le lecteur me permettra d'en rectifier légèrement
l'orthographe et d'y rétablir la ponctuation.

« *Nuperrime cum Lugduni essem* vir orna-
» tissimé, ainsi que par curiosité naturelle je
» m'employe voulentiers a investiguer choses
» nouvelles, *perscrutans diligenter officinas cal-*

» *cographorum nostrorum,* je trouvai preste à
» mettre sus leurs formes impressoires une œu-
» vre nouvelle de ce très élégant philosophe...
» Simphorien Champier Lyonnois, traictant des
» illustres roys et ducz lorrayns antiques et re-
» centz. Et oultre ce ung singulier traicté de
» l'ordre de chevalerie par lequel l'on peult fa-
» cilement cognoistre et entendre la manière
» de créer et faire les chevaliers, etc.

Maintenant il n'y a plus à débattre, la question est irrévocablement décidée en faveur de
Lyon, et il m'est bien forcé de reléguer notre
cité ducale, ainsi que tout à l'heure je l'ai fait
de Toul, parmi les villes qui, au moyen de titres
apparents ont usurpé leur illustration typographique. Il restera toutefois cette différence entre elles que le nom de Toul est inscrit, aux
dates de 1505, 1509 et 1521, sur des produits
d'une imprimerie empruntée à une autre ville,
tandis que celui de Nancy figure en 1510 sur
quelques exemplaires d'un livre qui s'y vendait,
probablement chez l'auteur. Nous les retrouverons toutes deux pourvues d'imprimeries, mais
dans un temps bien plus rapproché de nos jours,
et lorsqu'il en existait dans une infinité de lieux.

Restent deux des quatre villes, qui, comme
je le disais au commencement de ces recherches,
paraissent avoir accueilli et pratiqué, les premières de notre contrée, l'art inventé par Gutemberg : St.-Nicolas-du-Port et St.-Diey. Celles-là
n'auront rien à perdre à ce que leurs titres soient
exposés au grand jour ; ils peuvent être mis à l'é-

preuve de la discussion. Bien plus, ils font supposer l'existence de titres typographiques anté-
rieurs, de quelques-uns de ces livres de piété
naïve ou d'enseignement populaire, par lesquels
les presses de ces deux villes, ou tout au moins
de l'une d'elles, ont dû nécessairement préluder
à des travaux plus importants et plus difficiles.
Mais ils sont perdus, ces titres précieux, dont les
révélations feraient, je n'en doute pas, remonter
la typographie lorraine aux dernières années du
XV⁰ siècle, et perdus sans qu'il y ait espérance
aucune de les recouvrer. Car, s'il en est qui aient
survécu à la dispersion, je devrais dire au pillage de nos bibliothèques monastiques, archives
de la typographie de cette époque et du siècle
suivant, ne sont-ils pas restés exposés durant
quinze ans et plus à l'action corrosive des gout-
tières, dans les greniers où la munificence des
districts leur avait donné asile. La dent des rats
les a-t-elle épargnés dans ces lieux, qui malheureusement encore n'étaient point accessibles à
eux seuls ? Et depuis le jour où l'on a avisé que
les bibliothèques des villes et celles des séminaires
pouvaient enfin profiter des dépouilles littéraires
des couvents, combien n'ont-ils pas eu à souffrir
ces pauvres *bouquins* de l'ignorance, de l'incurie
et des préventions systématiques des bibliothé-
caires ? Combien en est-il qui aient échappé à cette
proscription encore incessante, dont la sentence,
fulminée par le XVIIIᵉ siècle contre la classe entière des livres de théologie, à laquelle appartiennent presque tous les incunables, a été sou-

vent exécutée par d'autres bras que le bras séculier?

Ainsi il est impossible de déterminer avec quelque précision l'époque où fut établie à St.-Nicolas-du-Port, l'imprimerie de Pierre Jacobi. De sa vie et de sa mort on ne sait pas davantage. La souscription des livres imprimés par lui nous apprend qu'il était prêtre.

Avant ces derniers temps on ne connaissait, comme je l'ai dit, d'autre produit des presses de St.-Nicolas que le *liber Nanceidos* publié en 1518, et Jacobi ayant imprimé à Toul en 1505 et 1509, on a pu conclure delà que son imprimerie était originairement établie dans cette dernière ville, d'où il l'avait transportée à St.-Nicolas, sa patrie. C'est en 1825 seulement que, sur l'indication de M. Soyer-Willemet, notre savant et laborieux bibliothécaire, M. Teissier fit connaître le livre ci-après, dont l'existence, antérieure de deux années aux premières impressions de Jacobi à Toul, dut renverser cette opinion si bien établie en apparence.

Hore Vginis marie Ad vsum tullensis ecclesie.

Ce vol. petit in 4° imprimé en lettres gothiques rouges et noires, sans chiffres ni réclames, se compose de 15 cahiers de 8 feuillets chacun, à l'exception du cahier f. qui n'en a que 6. Sign. a.—s. iii. Les trois derniers cahiers portent les les lettres q. r. s. au lieu de n. o. p.

On ne connaît de cet inestimable livre d'heures que l'exemplaire de la bibliothèque publique de

Nancy , malheureusement incomplet du cahier
g tout entier(1) et de 3 feuillets, et portant sur ses
marges les traces ineffaçables d'un long usage. Il
est imprimé avec une perfection qui ne permet pas
de le considérer comme un coup d'essai. La cou-
leur rouge et noire des lettres se détache vivement
sur un papier sonore dont la pâte, fine et forte en
même temps, est remarquable par sa blancheur.
Les initiales ordinaires sont en rouge, les grandes
capitales, faites à la main comme dans les livres
du XVᵉ siècle ou imprimées après coup, sont les
unes en rouge, les autres en bleu, mais toutes
d'une grande simplicité ; quelques-unes réunis-
sent les deux couleurs. Le titre, entièrement
en rouge et formé de minuscules gothiques, est
entouré d'une bordure d'arabesques en noir qui
se répète sur la première page de tous les
offices ; au revers est un almanach perpétuel
pour trouver le jour de Pâques. Vient ensuite le
calendrier qui occupe les 12 feuillets subséquents
et où se lit, à la fin de chaque mois, un quatrain
français contenant une moralité puisée dans le
rapprochement des différents âges de l'homme,
avec les mois de l'année. Ces quatrains existent
dans la plupart des anciens livres d'heures et, vé-
rification faite, ceux du livre de Pierre Jacobi se
retrouvent identiquement dans les Heures à l'usage de Toul, publiées par Simon Vostre avec un
almanach de 1515 à 1530.

(1) J'ai supposé ce cahier de 8 feuillets comme ceux qui le précèdent. S'il n'en avait que 6, comme le cahier b. le volume aurait
en tout 116 feuillets au lieu de 118.

Le texte commence au 14me feuillet. On y rencontre sept gravures en bois très-légèrement ombrées, dont la médiocrité contraste avec le mérite de l'exécution typographique. L'une d'elles est répétée deux fois, et peut-être en est-il d'autres sur les feuillets manquant à l'exemplaire qui sert à cette description. Les heures sont entièrement en latin ; ainsi du calendrier, à l'exception de l'almanach perpétuel et des quatrains ; mais au dernier feuillet du cahier r. commencent de petites oraisons qui sont également, quoique latines, précédées de l'indication en français du moment où il convient de les réciter. Le volume finit par trois prières, entièrement en français, et par cette souscription dans un encadrement au verso du dernier feuillet.

Faictes et imprimées a sainct Nicolas du-Port le xxviii iour de Juing lan de grace Mil cincq cētz et trois. Pour le Roy de Sicille, duc de Lorraine et de Bar et nostre tres redoubte et souuerain seigneur par Pierre Jacobi p̄bre demourant audit Sainct Nicolas, Imprimeur dudit sire Roy.

Telles sont les heures de 1503, le plus ancien monument connu et, sous ce rapport, le plus précieux de la typographie Lorraine.

Il n'est guères supposable que, dans les années qui s'écoulèrent de 1503 à 1518, les presses de Jacobi n'aient été mises en œuvre que pour imprimer à Toul les deux premières éditions du traité *de perspectiva artificiali* et soient restées inactives à St.-Nicolas. Cependant on ne connaît aucun livre imprimé par lui dans cet intervalle, et des Heures de la Vierge, on arrive à la Nancéide sans aucun intermédiaire, malgré le laps de 15 ans qui les sépare.

Petri de Blarrorivo Parhisiani insigne Nanceidos opvs de bello Nanceiano. Hac primvm exaratvra elimatissime nvperrime in lvcem emissum.

Un volume petit in-folio, composé de 130 feuillets, titre compris, sans chiffres ni réclames, 8 pour le premier cahier, autant pour le dernier, 6 pour chacun des autres. Sign. a — x. IIII. Au verso du dernier feuillet, vers le milieu de la page on lit *liber Nanceidos* imprimé en grosses capitales, dont la première est une gigantesque lettregrise, richement ornée. Au dessous du titre où de semblables capitales, un peu moins grandes toutefois, ont été employées pour composer le mot *Nanceidos*, est une gravure en bois représentant le duc René II à cheval, ainsi que l'indiquent ces mots *Renatvs Lothoringiæ Dvx*. Au revers on rencontre précédé des armes Ducales, et avec l'initiale A élégamment formée de nœuds de ruban, un privilége du bon duc Antoine, daté du 4 septembre 1518. Il est donné par le prince en *ce sien chastel de Condey sur Meselle*, dont nous voyons de la route de Nancy à Metz les ruines pittoresques découpées sur l'horizon, à quelque distance du village de Custines. Ce privilége existe dans tous les exemplaires si j'ai bonne mémoire.

Le premier cahier est occupé, indépendamment du titre, et entre autres pièces liminaires, par une dédicace du livre au duc Antoine, et deux épîtres, l'une en prose, l'autre en vers, à Hugues des Hazards, évêque de Toul. Elles sont l'œuvre de Jean Basin de Sandacourt, chanoine de Saint-Diey comme Pierre de Blarru, et auteur lui-même de poésies latines publiées à Paris, en 1539, suivant D. Calmet. C'est lui qui a été l'éditeur du *liber Nanceidos.* Blarru étant mort en 1510, et sans doute avec la douleur de laisser inédite une épopée qui devait immortaliser son nom, révélé ingénieusement par un acrostiche au début du premier chant, par un anagramme vers la fin du dernier (1). C'est Basin, qui a accompli envers son ami mort, et tout à la fois envers la Lorraine, le pieux et patriotique devoir de mettre au jour ce monument précieux de notre littérature et de notre gloire nationales. C'est lui qui a composé, entre autres vers latins épars dans le volume dont nous sommes redevables à ses soins et à l'industrie de Jacobi, les arguments des six livres de la Nancéide. Honneur donc à Basin de Sandacourt!

On lit à la fin du poëme *Finit feliciter Egregium ac insigne Nanceidos opus Petri de Blarrorino Parhisiani de bello Nanceiano. Impressum in celebri Lothoringie pago diui Nicolai de portu Per Petrū iacobi pbrm̄ loci paganū. Anno Christiae incarnatiois MDXVIII nonas Ja-*

(1) Les initiales des 14 premiers vers forment le nom de Pierre de Blarru. C'est lui-même qui nous l'apprend par ce distique.

Bis septem frontes de versibus accipe primis

Nanceidos notus carminis autor erit.

L'anagramme est dans les mots *plus deturbarer*. Petrus de Blarru

*nuaī. quo die ip̄m quoq; bellū Nanceianū pactū
est, āno eiusdem Incarnationis* MCCCCLXXVI.

Cette souscription est suivie de quatre vers composés par l'éditeur en l'honneur du poëte et du typographe.

> *Qui Nicolae tuo retinet de nomine nomë*
> *Nobilis hoc pagus nobile pressit opus*
> *Composuit Petrus. Petrus perarauit et illud*
> *Celos ille tenet, viuat hic iste diu.*

La marque de Pierre Jacobi termine la page. C'est un écusson supporté par deux anges et partagé dans le milieu par une croix transpercée de trois clous. A gauche, en notes de plain-chant, *sol la re.*, à droite ces mots *fides ficit* c'est-à-dire *sola fides reficit.* Au-dessous de l'écusson sur une banderole, *Petrus Jacobi.*

Le *liber Nancéïdos* est imprimé en belles lettres rondes, mais les notes marginales sont en gothique. Il est décoré de nombreuses et remarquables gravures sur bois, dont il faut dire toutefois que plusieurs se répètent : elles sont anonymes, pas un monogramme, pas une marque qui puissent aider à découvrir le nom de l'artiste et sa patrie. Le papier dans lequel on voit empreinte une fleur de lys, ce qui semble indiquer une origine Strasbourgeoise, possède, comme tous les papiers du temps cette force et cette consistance qui les fait sonner agréablement à l'oreille du bibliophile, mais il n'a ni la finesse de pâte ni la blancheur qui distinguent celui des heures de 1503. Des exemplaires du livre ont été tirés sur velin et on en connaît deux, l'un à Paris à la bibliothèque royale, l'autre à la bibliothèque publique de Besançon.

On remarque à l'avant dernier feuillet deux épitaphes de Pierre de Blarru, l'une par Mathias Rithmann, (Ringmann) qui, dans les premières années du XVIe siècle, acquit à différents titres une certaine célébrité par ses ouvrages publiés sous le pseudonyme de Philesius Vogesinus, et qu'à la même époque nous allons voir associé aux travaux typographiques de Gauthier Lud à Saint-Diey; l'autre par Laurent Pillard, l'auteur de la Rusticiade, confrère et émule de notre poëte. J'ai regretté de ne pas retrouver ces deux épitaphes dans la nouvelle édition de la Nancéide, car les noms de Philesius Vogesinus et de Pilladius appartiennent à l'histoire littéraire de notre pays; et leurs vers consacrés à la mémoire de Blarru, devaient, par ce seul motif, être conservés à la suite de son poëme, fussent-ils mauvais, ce qu'ils ne sont pas à beaucoup près. Elles auraient pris si peu de place ces deux épitaphes, dont l'une a douze vers et l'autre dix, et à défaut d'une notice biographique sur Blarru qu'on attendait du traducteur de la Nancéide, les vers de Ringmann auraient appris au lecteur que l'Homère de la Lorraine était aveugle.

Cvi clara indiderat Blarru cognomina riuus,
Caute sub hac gelida Petre diserte iaces.
Smirnei sortem vatis perpessus acerbam :
Vixisti gemini luminis orbus ope.

J'aurais aussi voulu trouver dans cette édition le second privilége accordé à Pierre Jacobi, par le duc Antoine, et daté de Lunéville, le 12 février 1518, car il est très-rare, et c'est tout au plus s'il accompagne trois exemplaires sur plus de trente que j'ai vus du *liber Nanceidos*. Mais cette rareté est son moindre mérite. Certes il n'y a pas lieu de regretter dans une réimpression récente l'absence du privilége, sous la protection duquel les anciennes éditions ont été livrées au public. Je ne tiens pas plus qu'un autre à ces pancartes de style de chancellerie plus ou moins barbare, que certaines de nos aïeules lisaient, dit-on avec une piété candide et vraiment méritoire, quand elles se trouvaient au bout de leurs heures et que l'office divin les retenait encore à l'église. Mais le privilége d'un livre est quelquefois un des documents de son histoire, et dans ce cas, un éditeur consciencieux ne doit pas dédaigner de le reproduire. C'est ce que je crois pouvoir dire de celui dont il est question.

En effet, dans le privilége donné au château de Condé sur Moselle, le duc Antoine désirant *pour perpétuelle mémoire... que le livre.... intitulé la Nancéide, composé par feu maistre Pierre de Blarru en son vivant chanoine de Sainct-Diey, soit dehument* (dûment) *imprimé* donne *charge à son chier et bien amé Imprimeur messire Pierre Jacobi, prebstre demourant à Sainct-Nicolas, le mettre et rédiger en bonne, honneste et correcte impression, pour les distribuer et mettre en vente à ceulx qui en vouldront avoir.*

*Et affin qu'il soit aucunement récompensé de sa
peine, labeur, fraiz et mises qu'il fera* le Duc
prohibe dedans deux ans prochainement venans
l'impression et la vente dans ses états de tous
exemplaires de ce livre, *aultres que ceulx que ledit messire Pierre Jacobi aura imprimés... sur
penne et émende..... Donné...,, le quatriesme
iour de septembre, l'an Mil Cincq cens et dix
huit.* Or il est évident par les termes que je viens
de reproduire qu'à cette date, sur laquelle j'appelle l'attention du lecteur, la Nancéide n'était
point imprimée. Sa publication n'était encore
qu'une entreprise.

Je passe au privilége que le nouvel éditeur
de la Nancéide a négligé de reproduire, tout en
consacrant à l'autre un feuillet de son livre, par
je ne sais quelle préférence. Daté de Lunéville
le 24 février 1518, on le croirait antérieur de plus
de six mois à celui du château de Condé et
cependant il n'en est rien, car après y avoir
rappelé, à peu près dans les mêmes termes, que
Jacobi a été chargé par lui d'imprimer le poëme
de la Nancéide, le duc Antoine ajoute : *Et il
soit ainsy que ledit messire Pierre nous ait
remonstré que ensuyvant la charge que lui
avons donnée il ait, depuis nostre dicte ordonnance, vacqué et besongnié bien et diligemment
en ladicte impression et en faict bón et grant
nombre, qu'il ne pouoit en si brief temps que
desdits deux ans contenu on mandement vendre
et distribuer. Nous a supplié luy vouloir pour
ce faire bailler terme et espace plus avant.* C'est

ce qu'accorde le Duc en fixant à cinq ans au lieu de deux la durée du privilége, à commencer, dit-il, *à la date de nostre précédent mandement qui a été expédié en nostre chastel de Condey sur Meselle, le quatriesme jour de septembre dernièrement passé.*

Quel est ce 4 septembre *dernièrement passé* ? Il ne s'agit plus ici, comme lors du *précédent mandement*, de donner charge à Jacobi de *mettre la Nancéide en bonne et honnête impression* et de lui assurer la *récompense de sa peine, labeur, frais, et mises qu'il fera*, mais de lui rendre prompte et facile le débit de ce livre à *l'impression duquel il a vacqué*. Serait-ce le 4 septembre 1517 ? les premières apparences semblent l'indiquer, et on est d'abord tenté de croire que la date du privilége donné à Condé-sur-Moselle est fausse ou inexactement imprimée quant au millésime ; on se demande ensuite s'il ne faut pas attribuer ce millésime de 1518 à une supercherie de l'imprimeur qui, n'ayant pas encore obtenu le privilége du 21 février 1518, aura voulu prolonger d'un an, ne fût-ce qu'aux yeux du public, celui que le duc lui avait donné pour deux ans à compter du 4 septembre 1517 ? Eh bien ! il n'est rien de tout cela, et c'est fort gratuitement que de conjecture en conjecture on se laisse aller à un jugement des plus téméraires contre ce pauvre Jacobi. Je dis fort gratuitement, car à l'égard de ces dates on n'a fait que suivre l'ordre des mois tel qu'il se trouvait établi en 1518, Jacobi pouvait-il prévoir que le calendrier Julien

serait réformé , que le commencement de l'an-
née serait fixé au 1er janvier, au-lieu du 1er
mars qui de son temps était le premier jour de
l'an, et que, par suite de cette interversion dans
l'ordre des mois, septembre passerait avant
février ? C'est ce qui est arrivé 60 ans après ; et
de nos jours il ne suffit pas de le savoir, tout
le monde le sait ou peu s'en faut ; il faut encore
s'en souvenir dans l'occasion , autrement on
pourrait commettre d'étranges et fâcheuses bé-
vues, en bibliographie commeen diplomatique,
et la chronologie se trouverait maintes fois rude-
ment offensée.

Quoiqu'il en soit, il résulte du rapprochement
de ces deux priviléges, qu'au mois de septembre
1518, et pour perpétuer le souvenir de la glorieuse victoire remportée par son père sur
le duc Charles de Bourgogne, notre bon duc
Antoine a chargé Pierre Jacobi d'imprimer le
poëme de la Nancéide, que l'impression de ce
livre n'a duré que cinq mois , qu'il a été tiré
à un grand nombre d'exemplaires, ce dont on
ne se douterait pas aujourd'hui , et qu'achevé
d'imprimer, comme l'annonce la souscription, le
5 janvier 1518, jour anniversaire de la bataillo
de Nancy, il était livré au public dans le mois de
février suivant.

Les Heures de 1503 et la Nancéide sont tout
ce qu'on connaît des travaux typographiques de
Jacobi, exécutés à St.-Nicolas-du-Port ; et, à
compter de 1521 , date de la dernière édition
du traité *de Perspectiva artificiali*, imprimé

parl ui dans la ville de Toul, la bibliographie ne signale aucun livre où son nom soit inscrit.

Cependant il y avait encore en 1525 et 1528, un établissement typographique à Saint-Nicolas. Son existence est indiquée par un livre qui figure au catalogue de Longmann et compagnie (1), sous le n° 10168, et dont M. Brunet donne ainsi le titre, probablement d'après ce catalogue : car l'absence de tous détails descriptifs fait croire que l'auteur des Nouvelles Recherches Bibliographiques n'a pas eu sous les yeux ce rarissime volume. *Le Sermon de charité avec la probation des erreurs de Luther, fait et cōpose par frère Illyrique, trāslate de latin en frāçois par le polygraphe hūble cōseiller secrétaire et hystorien du noble prince damour regnant au parc dhonneur. Imprime a S.-Nicolas du Port,* 1525, *in 4.* (2) M. Brunet pense que c'est une traduction (il faut ajouter partielle) de l'ouvrage cité par Duverdier, sous le titre de *Sermones aurei in alma civitate Tholosana proclamati a fratre Thoma Illyrico de Auximo, verbi dei præcone, per universum mundum. Tholosæ per Joannem de Guerlins,* 1521, *in–4°.* Quoi qu'il en soit, on se persuaderait aisément que le Sermon de Charité a été publié sans nom d'imprimeur, car son titre paraît transcrit avec trop de soin pour qu'on puisse soupçonner le

(1) London, 1820.
(2) Le Parc d'honneur est la cour de Lorraine, le prince d'A-mour est le bon duc Antoine et le polygraphe son secrétaire est Volkir ou Wolcyre, auteur de plusieurs ouvrages, dont il sera question ultérieurement.

rédacteur du catalogue d'où M. Brunet l'a tiré ;
d'une omission aussi peu pardonnable en bibliographie, que celle du nom du typographe,
quand il s'agit d'un ouvrage imprimé en 1525.
Cependant il n'en est pas ainsi. Ce n'est pas le
catalogue de Longmann qui a révélé l'existence
de ce livre. Elle était déjà connue de M. Brunet et dans le Manuel du libraire, édition de
1820, p. 594, il en donne le titre, mais sans
observer l'orthographe du temps ; et on lit ensuite : *Imprimé à St. Nicolas du Port, le 26
aoust 1525 par Jérome Jacob, pet. in-4° de 20
feuillets.* Le titre donné par Longmann n'est
donc que le complément des détails reproduits
par le Manuel du libraire, d'après quelque
autre catalogue. La vieille orthographe y est
soigneusement rétablie, et nous avons de plus
la certitude que le Sermon de Charité est imprimé en caractères gothiques, ce qui du reste
était assez présumable, eu égard à sa date.

Quel est ce Jérôme Jacob ? Serait-ce quelque
parent de Pierre Jacobi, à qui celui-ci aurait
laissé son imprimerie et dont le nom aurait
perdu dans notre pays sa terminaison étrangère,
ou plutôt aurait repris sa véritable désinence (1)?
Le premier *cataloguiste* copié par M. Brunet
aurait-il, par négligence ou distraction, travesti

(1) Cette terminaison pourrait faire croire que Jacobi était Italien
d'origine, mais dans le XVI siècle, en France et plus particulièrement dans les pays d'obédience voisins de l'Allemagne, on avait la
manie d'italianiser presque tous les noms propres: Gérard, *Gérardi*
Janet, *Jannetti*, Pagel, *Pagelli*. Cet usage existait surtout parmi les
ecclésiastiques.

Pierre Jacobi en Jérome Jacob? On peut se faire ces questions, mais comment y répondre sans avoir sous les yeux le *Sermon de Charité?*

J'ai dit que l'établissement typographique de St.-Nicolas subsistait encore en 1528, et j'en possède la preuve dans un petit livre gothique, intitulé : *Le livre de Jesus*, à la fin duquel on lit : *Imp. nouvellement à Saint Nicolas* 1528. Composé de 4 feuillets, in-8°, de ce temps-là, qui contiennent le Pater, la Salutation angéli-que, le Credo, les Commandements de la loi, les Commandements de l'Eglise, et quelques enseignements religieux, il est sans nom d'im-primeur. Jacobi a-t-il dédaigné de mettre son nom à ce livret dont l'exécution est assez mé-diocre? Avait-il cessé de vivre? Avait-il été contraint par l'âge ou par les devoirs du sacer-doce de renoncer aux travaux de la typogra-phie, et les presses qui naguères avaient mis au jour la Nancéide ne produisaient-elles plus entre les mains d'un nouveau maître, Jérome Jacob ou tout autre, que des ouvrages sans importance et chétivement exécutés? Je l'ignore, et mes re-cherches à ce sujet n'ont produit aucun résultat.

Quoi qu'il en soit, il paraît qu'à une époque bien antérieure à 1528, Jacobi ne mettait pas son nom, ni même celui de sa résidence, à cer-tains ouvrages qu'on appelle *bilboquets* en lan-gage d'imprimerie, et qui consistent en feuilles volantes et autres menues impressions. C'est ce que témoigne, à mon avis, une promesse d'indul-gence et de rémission de leurs péchés à ceux qui donneront , enverront ou légueront quelques parcelles de leurs biens à l'hospice de Pairis , car telle est ici la signification de *Parisiensis,* de même qu'on vient de voir accolée au nom de Blarru sur le titre du *liber Nanceidos* l'épithète de *Parhisianus,* laquelle ne signifie autre chose que natif de Pairis, en allemand *Peris* ou *Beris,* et en latin du moyen âge *Paris.* Pairis est le nom d'une abbaye de Bernardins dont on voit encore les ruines à quelques lieues de Saint–Diey, dans unevallée solitaire du versant oriental des Vosges.

Cette pièce , curieuse en la forme comme au fond, sous plus d'un rapport que je ne crois pas avoir besoin de signaler au lecteur, est imprimée en caractères gothiques et à longues lignes sur un feuillet in–folio dont elle occupe à peine le quart. Elle est ainsi conçue :

Universis presentes litteras inspecturis nos Magister et fratres pie domus dei Parisiensis Salutem in domino. Notum facimus quod concessum est auctoritate apostolica omnibus et singulis Christi fidelibus, viro et uxore pro una persona computatis, qui de bonis suis nunc vel extunc per nuntios vel procuratores aut alias nostro hospitali dederint, miserint seu in testamentis suis pie legaverint, ut possint eligere confessorem idoneum qui eos absolvat ab omnibus criminibus, excessibus et delictis, irregularitatibus et peccatis suis, quantumcumque gravibus et enormibus, quovis modo perpetratis, etiam specialiter vel generaliter sedi apostolicæ reservatis semel in vita et etiam in articulo

*mortis extremo debeat suffragari. Dando eis
plenissimam omnium suorum peccatorum, de-
lictorum, criminum et excessuum quorumcum-
que remissionem, etiam si de illis memoriam
non habuerint et de non reservato eidem sedi
apostolicæ toties quoties opus fuerit, cum asso-
ciatione et participatione omnium bonorum totius ecclesiæ militantis cum suis parentibus
vivis et defunctis. Et quia devot* — Ici un petit
espace en blanc pour le genre et le nombre des
donateurs — *in Christo* — Un second blanc des
trois quarts de la ligne pour leurs noms. — *de
bonis suis contribu* — Autre blanc. — *ideo me-
rito dictis indulgentiis gaudere debet. Datum
sub sigillo ad hoc ordinato. Anno domini millesimo quingentesimo undecimo die vero mensis.*

Suivent de courtes formules d'absolution pour
les divers cas prévus dans cet imprimé, que probablement on remettait au donateur en échange
de ses pieuses libéralités.

Les ruines de Pairis dépendent aujourd'hui
du département du Haut-Rhin, arrondissement
de Colmar et du canton de la Poultroye, dont
le langage est le patois lorrain des Vosges, c'est-
à-dire la langue romane du nord-est de la France,
la langue d'Oil, mêlée de celtique et de tudes-
que. Cette abbaye fut fondée par le comte Ulrich de Egisheim, de la maison d'Alsace (1), en
1133 suivant les annales de Citeaux, en 1144
s'il faut en croire Sébastien Munster. *Anno*

______
(1) J'ai lu quelque part que le comte Ulrich était petit-fils de
Gérard d'Alsace, duc de Lorraine.

Christi 1144 *cœptum est monasterium Beris in-Lotharingiœ montibus situm* (1). Un de ses plus anciens titres, communiqué à Jean Ruyr, et inséré par lui dans les *Recherches des sainctes antiquitez de la Vosge, province de Lorraine* (2), la nomme en 1187, *abbatia Parisiensis*, et son chef *abbas Parisiensis, abbas de Paris.* On lit dans cet historien qu'entre les monastères les plus fameux de l'ordre de saint Bernard est *celui de Parrhis, dédié sous le patronage de la glorieuse vierge Marie.... situé en une haulte solitude de la Vosge et à la sommité du val d'Orbey, et à nous plus voisin que nul autre,* ajoute le chanoine de Saint-Diey. *Ce monastère, dis-je, encore que situé en une estroitte solitude, est toutesfois enceint d'une belle et spacieuse closture contenant en soy une Eglise asses magnifique et presque dressée au modèle de la grande Eglise de S. Dieudonné* (St.-Diey), *en laquelle souloit estre bon nombre de Religieux, ne scay-je d'où provient aujourd'huy le manquement qui s'y retrouve...... Il y a un petit lac devant l'entrée d'iceluy et un autre qui se trouve plus hault, presque au sommet de la montagne vers le midi* (3), *qui fournissent en tout temps de l'eau pour l'usage et la commodité du moulin de la maison et d'une grande partie dudit val d'Orbey qui est de longtemps en la jurisdiction des Illustres Seigneurs de Ribeaupierre.*

(1) Cosmographiæ universa'is, libri VI. Basileæ, 1552, in-fol.
(2) 3e partie, p. 433—34. Edition d'Epinal, Amb Ambroise, 1634, in-4°.
(3) Le lac Blanc.

Pierre de Blarru était né en 1437 dans une métairie voisine de Pairis (1), et la même vallée avait donné naissance à Mathias Ringmann, son ami.

Nous venons de voir qu'au temps de Ruyr, l'abbaye de Pairis était sur son déclin. Cet historien paraît en ignorer la cause, mais on la trouve expliquée par Aubert Le Mire. « *Peris,* suivant cet écrivain cité par le P. Laguille (2), *était autrefois un abbaye qui n'a plus que le titre de prieuré. Ses biens ayant été dissipez par la négligence des abbez et des moines qui étaient gentilshommes, ce monastère fut réduit à une extrême indigence. Le pape Pie II voulant y remédier, supprima le titre d'abbé et unit ce prieuré à l'abbaye de Mulbrun en 1453. L'abbé de Mulbrun envoya des religieux qui y rétablirent la discipline suivant la règle de saint Bernard.*» Cette abbaye, dit ailleurs le P. Laguille, *a été depuis absolument ruinée par les Suédois, dans le temps qu'ils étaient les maîtres de l'Alsace* (pendant la guerre de trente ans). *Mais elle fut rétablie sous le règne de Louis XIV et rebâtie avec une magnificence, dont ses ruines témoignent encore aujourd'hui. Du prieuré de*

---

(1) Cette métairie se nomme Blancrupt (Renseignement communiqué par M. Richard, bibliothécaire de la ville de Remiremont). *Blancrupt*, dont la finale correspond eu français à la seconde partie du mot *Blarrorivo*, a été probablement altéré par la prononciation locale, de là *Blarru*. Les ancêtres de notre poète avaient-ils donné leur nom à cette métairie, ou bien lui-même aurait-il ajouté à son nom de Pierre celui du lieu de sa naissance?

(2) Histoire de la province d'Alsace..... Strasbourg, 1727, 2 parties in-fol. p. 195 de la première partie.

Pairis, en 1511, comme de toutes les maisons
religieuses établies dans des lieux solitaires,
dépendait sans doute un hospice, *hospital*, lieu
d'asile pour les voyageurs et les pèlerins. C'est
pour l'entretien de cet hospice, et probablement
aussi pour le rétablissement de l'abbaye dans
son antique splendeur, qu'on sollicitait les of-
frandes des fidèles dans les lettres d'indulgences
imprimées par Jacobi.

Les détails dans lesquels je viens d'entrer sur
l'abbaye de Pairis me dispensent de réfuter à
l'avance l'opinion de ceux qui croiraient que ces
mots *Domus Dei Parisiensis* doivent s'entendre
de quelque maison religieuse située dans la capitale de la France. Je reviens aux lettres d'indulgences qui ont donné lieu à cette digression,
et je vais dire les motifs qui me font attribuer ce
bilboquet aux presses de St-Nicolas-du-Port(1).

L'U qui les commence est une lettre grise
gravée sur bois, représentant, dans le vide de
ses contours, le saint Evêque de Myre et les
trois enfants rappelés à la vie par son interces-
sion, et à côté de saint Nicolas, dans le loin-
tain, un édifice qui peut figurer tant bien que

(1) Lamhinet décrit dans son livre sur l'origine de l'imprimerie
des lettres d'indulgences délivrées en vertu d'un indult du Pape
Nicolas V, daté de 1484, et attribuées aux presses de Guttemberg
et Fust ou de Schœffer en société avec eux. Elles commencent,
à une légère transposition près, de la même manière que la lettre
de Pairis et présentent aussi des blancs que le missionnaire *in hac
parte* remplissait à la main, du jour, du mois et des noms de ceux
à qui il laissait en échange de leurs dons ces espèces de circulaires.
Voy.: *Origine de l'imprimerie, d'après les titres authentiques...par
P.-Lambinet.* Paris, 1810, in-8, 2 Vol. p. 122 et suiv. du tome 1er.

mal une église. Sur un exemplaire de la lettre
de Pairis, cette église n'a qu'une tour, tandis qu'elle en a deux dans un autre exemplaire
également en ma possession. Or il est à observer
qu'à l'époque de 1511 l'église de St.-Nicolas,
commencée en 1494, achevée en 1544, devait
être dans un état de construction assez avancée,
et que déjà sans doute étaient posées les premières assises des deux tours qui couronnent
son portail. Le curé Moycet (1) vivait encore,

(1) « La belle et magnifique église que l'on voit aujourd'hui
» à Saint-Nicolas fut commencée par Simon Moycet, curé de ce
» lieu. Il en jeta les fondements le 14 avril de cette année
» (1494) ; on ignore le nom de l'architecte qui donna le plan
» et qui fit exécuter cette grande entreprise: elle fut achevée
» en 1544. Il est étonnant qu'un simple particulier ait pu ac-
» complir en si peu de temps un ouvrage digne de la magnifi-
» cence d'un roi. Il mourut le 11 avril 1520 et fut enterré au
» pied de l'autel où l'on voit sa tombe. Son épitaphe se voit
» après un pilier près de là. » — *Notice de la Lorraine* par
Dom Calmet, tome 2, page 146 — 147. On lit plus loin que « dès
» l'an 1518, le curé de St.-Nicolas, nommé Pierre Jacobi, y im-
» prima le poëme de Pierre Blar, intitulé Nanceidos. » C'est
probablement sur l'autorité de ce passage que M. Brunet a qua-
lifié Jacobi de curé de St.-Nicolas ; mais qu'on rapproche les dates
indiquées ici par Dom Calmet et l'on sera amené à conclure qu'en
1518 la paroisse de St.-Nicolas était pourvue de deux curés
à la fois, Simon Moycet et Pierre Jacobi, ce qui est invraisemblable. Qu'après la mort de Moycet, en 1520, Jacobi lui ait succédé, cela peut-être ; mais ce n'est là qu'une supposition à l'aide
de laquelle s'expliquerait toutefois assez bien la décadence de
sa typographie que des soins plus importants ne lui permettaient
plus de diriger et l'absence de son nom sur *le livre de Jésus.*
Mais je le répète, il n'est pas vraisemblable que Jacobi ait été déjà
titulaire de la cure de St.-Nicolas lorsqu'il imprimait la Nancéidé,
et on ne pourrait arguer en ce sens des mots *presbiter, incola pagi sancti Nicolai,* sans en conclure aussi qu'il était déjà investi de
cette cure, lorsqu'il imprimait à Toul, en 1505 et 1509, le livre du chanoine Pelegrin, et à St.-Nicolas, les Heures de 1503. Assurément l'autorité de Dom Calmet est imposante, mais non pas
à ce point qu'il faille s'incliner devant les contradictions qui lui

et le zèle artistique et religieux tout à la fois qui avait fait entreprendre au vénérable pas- teur l'œuvre gigantesque de ce temple était toujours là pour en activer les travaux.

Cette différence que je viens de signaler dans la grande initiale de la lettre d'indulgences est loin d'être la seule, car le saint Nicolas en offre de plus saillantes. Elles indiquent à mon avis, sinon deux éditions de cet imprimé, au moins deux tira- ges, pour le second desquels il aura fallu renou- veler la lettre grise, usée ou hors de service par suite de quelque accident. Et dès qu'il fallait la regraver, on a dû le faire en repré- sentant la nouvelle église avec les deux tours qu'on lui voyait déjà, ou que promettait sa construction, et que n'avait pas l'ancienne.

Certain par mes recherches qu'une image de saint Nicolas n'avait aucun rapport à l'abbaye de Pairis, placée par ses fondateurs sous un plus haut patronage, je me suis demandé si ce n'était pas une marque appliquée par Jacobi sur les feuilles volantes sorties de ses presses, sans indication de lieu d'impression. L'origine de mon exem- plaire détaché des gardes d'un *Liber Nanceidos,* dans sa première custode, était bien propre à ap- puyer cette conjecture ; mais je n'avais vu cette lettre d'indulgences nulle autre part, et sa ren- contre dans un livre imprimé à St.—Nicolas était encore un fait unique. D'autres décou-

sont échappées. Au reste on sait que le second volume de la Notice de la Lorraine n'a été imprimé qu'après la mort du sa- vant bénédictin, qui n'avait pas eu le temps d'en coordonner les matériaux.

vertes semblables sont venues depuis changer presque en certitude ce qui n'était qu'une conjecture assez plausible. Un libraire de notre ville (1) a rencontré dans une autre Nancéide le même imprimé, au nombre de plus de 30 exemplaires, qui collés et battus ensemble, formaient un des cartons de ce volume. Deux autres exemplaires des mêmes lettres d'indulgences se trouvent employés dans la reliure des Heures de 1503 que possède la bibliothèque de Nancy. Enfin, dans une excursion bibliographique assez récente, j'en ai vu deux servant de gardes détachées au *Liber Nanceidos* de la bibliothèque publique de St.-Diey, et je dois ajouter que ce dernier volume est resté tel qu'il est sorti de l'officine de Jacobi, c'est-à-dire broché, (mais malheureusement rogné,) et que les autres exemplaires de la Nancéide où s'est trouvée la lettre d'indulgences de Pairis étaient, comme sont encore les Heures de 1503, dans leur première reliure. Maintenant ai-je en raison de conclure de cet ensemble de faits identiques que l'imprimé dont s'agit est un bilboquet de Pierre Jacobi, chez lequel il en était resté un assez grand nombre pour que plus tard il crût pouvoir en utiliser les feuilles dans la reliure de ses livres (2) ? Le lecteur en décidera.

(1) M. Cayon qui, après avoir décomposé le précieux carton dont il était possesseur, en a retiré quelques exemplaires assez intacts de la lettre de Pairis dont il a gratifié les bibliophiles Nancéiens qui fréquentent sa librairie, et entre autres l'auteur de ces Recherches. Ces exemplaires présentaient les différences qui viennent d'être signalées.

(2) On sait que dans les temps anciens de l'imprimerie, un ate-

M. l'abbé Marchal, curé d'Heillecourt, possède dans sa bibliothèque, la plus riche de notre ville, et probablement de toute la contrée, en livres relatifs à l'histoire de Lorraine, et en produits de la typographie locale (1), un imprimé analogue à celui que je viens de décrire, et qui servait aussi de garde à un exemplaire de la Nancéide. Il est en caractères gothiques, sur un feuillet in-folio et a pour intitulé : *Le grant pardon général de la saincte Trinité et rédemption des crestiens.* A gauche, l'empreinte effacée d'une gravure en bois, à droite, une croix de Malte. En marge, des corrections à la main qui correspondent à des renvois ou à des lettres barrées dans le texte, et ne diffèrent presque pas des corrections d'épreuves en usage aujourd'hui. C'est évidemment une épreuve du *grant pardon* promis par les Trinitaires aux fidèles qui les aideraient de leurs dons à racheter les chrétiens en captivité, et sa rencontre dans un livre imprimé par Jacobi semble indiquer leur commune origine.

lier de reliure était attaché à la plupart des établissements typographiques. C'est seulement plus tard, quand les livres se multiplièrent, que l'exercice de la reliure devint une profession distincte, et encore cette profession fut-elle souvent cumulée avec celle de libraire.

(1) Je ne parle ici que d'ouvrages imprimés et non de manuscrits; car la bibliothèque Lorraine de M. Noël, notaire honoraire à Nancy, est, sous ce dernier rapport, incomparablement mieux fournie. Trente ans de recherches, aux succès desquelles tout a concouru, soins, dépenses, heureuses rencontres, en ont fait une collection sans égale. Puisse la ville de Nancy se trouver quelque jour assez riche pour acquérir ce trésor de documents historiques sur l'ancienne Lorraine, car sa dispersion serait un mal sans remède, une perte irréparable pour le pays.

Du reste, point de date et aucune induction
à tirer de la gravure, tellement effacée qu'on
n'y distingue rien.

J'ai épuisé la matière en ce qui concerne la
typographie de Saint-Nicolas-du-Port. Dom
Calmet fait mention, dans la Notice de la Lorraine, de livres d'église imprimés en cette ville;
mais ils appartiennent au XVIIe siècle, et ce
n'est pas dans la première partie de ces recherches qu'ils doivent être décrits, s'il y a
lieu à description. Je passe donc à St.-Diey.

J'ai dit au commencement de ce chapitre
qu'au XVIIIe siècle les produits de la typographie de Saint-Diey étaient encore complétement
ignorés. Cette assertion est inexacte jusqu'à un
certain point, car il est question, pour la première fois il est vrai, de cette imprimerie dans
un ouvrage publié en 1785. Je veux parler du
texte historique que l'abbé Grandidier a joint
aux *Vues pittoresques de l'Alsace, dessinées,
gravées et terminées au bistre par Walter. Strasbourg*, grand in-4°. Ce fut, est-il dit dans cet
ouvrage, aux environs de l'abbaye de Pairis,
dans un village de la vallée d'Orbey, que prit
naissance, en 1482, Mathias Ringmann, plus
connu par le surnom de Philesius des Vosges.
« Disciple de Wimpheling à Sélestadt, et du
» fameux Jacques Lefèvre d'Etaples à Paris, il
» fut un des premiers Alsaciens qui osa secouer
» les entraves de la barbarie scolastique et s'é-
» lever au-dessus du pédantisme de l'école. Ses
» maîtres lui inspirèrent le goût des belles-lettres,

» des études solides et en particulier celui des
» anciens auteurs dans leur langue originale.
» Ringmann s'établit à St.-Diey où, de concert
» avec Gauthier Lud qui en était chanoine, il
» forma une imprimerie qui se distingua par le
» choix des ouvrages et par la netteté des
» caractères (1). Les presses de Strasbourg
» doivent aussi aux soins de Ringmann le texte
» des quatre Evangélistes sur la passion de J.-C ,
» orné de belles figures supérieurement gravées
» en bois, une vie allemande de Jules-César,
» les Comédies de Plaute, etc., ouvrages dont il
» ne fut pas l'imprimeur, mais l'éditeur. Plu-
» sieurs de ses vers latins ont été conservés et on
» doit regretter son poëme sur l'Alsace dont il
» ne reste que quelques fragments. Ce savant
» compatriote mourut en 1511 à la fleur de son
» âge, Beatus Rhenanus composa son épitaphe
» qu'on voit encore à Sélestadt dans le cloître
» de la commanderie de St.-Jean. »

J'avais annoncé une digression sur Mathias
Ringmann, le compatriote et l'ami de Pierre de
Blarru. Pouvais-je la remplir mieux que par ce
passage emprunté à l'abbé Grandidier, à ce
savant chanoine de Strasbourg qu'une mort pré-
maturée enleva aux sciences historiques au moment où il allait mettre la dernière main à plu-

(1) « C'est de cette imprimerie de St.-Diey que sortit un ouvrage
in-4°, imprimé en 1509 et dedié à l'évêque de Toul sous le nom
de *Grammatica figurata*. Ou lità la fin du livre les deux vers
suivants. »
    « *Hic Gualterus Lud nec non Philesius ipse.*
    « *Presserunt miris hæc elementa typis.*

sieurs ouvrages entrepris à la fois sur l'histoire ecclésiastique, politique et littéraire de l'Alsace, sa patrie adoptive, de cette belle contrée que tant de liens unissent à notre Lorraine (1).

Je vais maintenant rattacher à ce peu de mots qu'on vient de lire, sur l'établissement de la typographie à St.-Diey, des détails plus étendus puisés dans l'histoire si riche de faits intéressants et de révélations curieuses, que M. Gravier a su tirer du chaos des archives de cette ville, avant que le vandalisme administratif les dispersât dans les dernières années de la Restauration (2)

« Le chanoine Gauthier Lud, associé par la
» suite à Mathias Ringmann, connu sous le nom
» de Philésius des Vosges, signala la fin du XVᵉ
» siècle par l'introduction de l'imprimerie à St.-
» Dié.

» Lud fut un de ces êtres privilégiés, que la
» nature se plaît à créer de siècle en siècle pour
» conserver le type de l'espèce humaine au mi-

(1) L'abbé Grandidier né à Strasbourg en 1752, mort en 1787, a composé, outre le texte historique, des Vues de l'Alsace.

1º Essais historiques et topographiques sur l'église cathédrale de Strasbourg, 1782, petit in-8.

2º Histoire de l'Eglise et des évêques de Strasbourg depuis la fondation de l'évêché jusqu'à nos jours. Strasbourg 1776 et 1778, 2 vol in-4º. Cet ouvrage qui s'arrête à l'an 965, devait avoir 8 volumes.

3º Histoire ecclésiastique, civile et littéraire de la province d'Alsace, Strasbourg, 1786, tome 1ᵉʳ, le seul qui ait paru, avec les p'èces justificatives du second volume, au nombre de 212 chartes ou diplomes.

4º Dictionnaire géographique, historique et politique de l'Alsace. Strasbourg 1787, tome 1ᵉʳ, le seul publié.

(2) Histoire de la ville épiscopale et de l'arrondissement de St.-Dié, département des Vosges, par N.-F. Gravier. Epinal 1836. In-8º, pages 202 et 203.

» lieu de la barbarie. De toutes les qualités d'un
» réformateur il ne lui manquait que le désir
» de commander. Il ne prêchait les vertus que
» par ses exemples et par le sacrifice de sa for-
» tune. Dans le même temps qu'il en employait
» une partie à introduire la lumière au milieu
» des ténèbres par le secours de son imprimerie,
» il sacrifiait l'autre à combattre l'impiété de ses
» confrères par des fondations religieuses qui
» rappelaient les chanoines au pied des autels...
» La plus importante de ces fondations fut celle
» de la *Présentation au temple*, instituée par le
» pape Paul II, et que Lud fit célébrer pour la
» première fois en 1494. Il consacra les prémices
» de ses presses à la publication des bulles d'in-
» stitution et de l'office de cette fête, sur trois
» feuilles in-4°, imprimées à deux colonnes, en
» lettres rondes, sans chiffres ni réclames. »

M. Gravier ajoute dans une note au bas de la
page :

« Cette première impression annonce l'en-
» fance de l'art. Au verso du dernier feuillet,
» Lud a écrit ce distique sur son nom selon
» l'esprit du temps.   [*secuntur.*

Post bis quinque sedens alter quem quinque
Et tuba cum ludo (si caret orbe) vocor.

Walter Vs. Lud.

» A la suite de ce distique est écrit de la
» même main le cérémonial observé dans la fête
» de 1494. Il paraît n'avoir été réglé qu'après
» l'impression des bulles en question. »

Je regrette de ne pouvoir insérer ici les

détails naïfs que Gauthier Lud lui-même a four-
nis à l'historien de Saint-Diey sur la fête de la
Présentation au Temple. Mais ils sont par
trop étrangers à la typographie et je me suis
déjà permis tant de digressions, sans celles où
doit m'entraîner encore un penchant irrésistible!

A la suite de quelques pages, consacrées en
grande partie à faire connaître les institutions
de bienfaisance dont les premières années du
xvie siècle furent redevables à Gauthier Lud,
M. Gravier revient aux travaux typographiques
du bon chanoine.

« Depuis la fin du siècle précédent, il travail-
» lait au perfectionnement de ses procédés....
» Ses presses se distinguaient par le choix des
» ouvrages et par la netteté des caractères. Plu-
» tarque, Sénèque et Pétrarque furent mis à con-
» tribution et fournirent un choix de morale que
» Lud répandit avec profusion comme un besoin
» du siècle... C'est à cet homme pieux et savant
» que le chapitre de Galilée dut son premier écri-
» vain, Pierre de Blarru. »

Il est à regretter que l'historien de Saint-
Diey n'ait pas donné plus de développements
aux particularités bibliographiques dont on lui
doit la révélation. Certes il dépendait de lui de
reculer les limites des notions acquises aujour-
d'hui sur les travaux de l'imprimerie en Lorraine,
et aux yeux d'un bibliographe, M. Gravier
mérite en quelque sorte plus de reproches pour ce
qu'il a passé sous silence, que de gratitude pour
ce qu'il a révélé. Que dirait l'exact et savant Brunet,

si soigneux d'enregistrer, dans les éditions successives de son Manuel du libraire, toutes les découvertes dont la science bibliographique s'enrichit chaque jour, que dirait-il s'il venait à apprendre qu'un historien remarquable de notre contrée, assez instruit *in hac parte* pour savoir ce que c'est que *chiffre* et que *réclame*, a tenu entre ses mains un livre de 1494, formé de trois feuillets, sans chercher à reconnaître si c'était un produit de la typographie tabellaire ou s'il avait été imprimé en caractères mobiles ; car qu'est-ce que dire : « Cette première impression de » Gauthier Lud annonce l'enfance de l'art. » S'agit-il de l'art de Guttemberg déjà si voisin de la perfection dans les dernières années du xv[c] siècle? ou de celui qui, plus ancien, car il en existe un monument daté de 1423 (1), mais toujours variable dans l'exécution, selon le talent du graveur, consistait à tailler sur une planche de bois et tout d'une pièce le relief à rebours des lettres et des mots dont se compose une feuille à imprimer. Or, si M. Brunet, justement fâché contre l'écrivain qui a laissé perdre, peut-être pour toujours, des renseignements inappréciables pour la bibliographie, s'avisait de lui faire un mauvais parti dans la prochaine édition du Manuel, nous ne réclamerions pas en sa fa-

(1) L'image de St.-Christophe, découverte par Heinecken dans la chartreuse de Buxheim, près de Meimingen (Bavière). Au bas de cette curieuse estampe qui signale la seconde époque de la gravure en bois, inventée vers 1350 et bornée d'abord à l'exécution des cartes à jouer, on lit en caractères grossièrement taillés ces mots : *Cristofori faciem die quacumq; tueris. Illa nempe die morte mala non morieris. Millesimo CCCCXX tertio.*

veur, nous autres amateurs des vieux livres.
M. Gravier nous a traités avec trop peu d'é-
gards, lui qui cite comme un produit des
presses de Gauthier Lud le choix de morale
tiré de Plutarque, de Sénèque et de Pétrarque
et probablement traduit en langue vulgaire,
sans nous dire en même temps le titre qu'il
porte, quel est son format, de combien de feuillets il se compose, s'il est à longues lignes ou
sur deux colonnes, s'il a ou s'il n'a pas de chiffres
et de réclames, s'il est daté ou sans date, enfin s'il
porte la souscription de Gauthier Lud ou la
simple indication du lieu d'impression. Pas un
mot de tout cela dans l'histoire de Saint-Dié,
comme si les magasins de nos libraires ou les
échoppes de nos bouquinistes se ressentaient
encore de la profusion avec laquelle Gauthier
Lud a répandu ces précieux *analecta.*

Plaisanterie à part, l'ouvrage de M. Gravier
laisse à cet égard une lacune impossible à remplir. Et comment la combler pour des livres
dont la disparition paraît avoir suivi de près la
seule chance que, depuis trois siècles peut-être,
ils aient eu d'échapper à l'oubli le plus complet.
Où les retrouver maintenant? Ils ne sont ni dans
la bibliothèque de M. Gravier, ni dans celle de
la ville de Saint-Dié où pourtant ils seraient si
bien à leur place. Le chapitre de Galilée avait
conservé dans ses archives les seuls exemplaires,
peut-être, que le temps n'eût pas détruits, mais
ces archives ont été ignominieusement vendues
au poids du papier et du parchemin. Elles sont

dispersées depuis près de 15 ans ; et je verrais presque du merveilleux dans le hasard qui ferait découvrir un seul de nos incunables parmi les papiers dont le rachat, opéré par les ordres de la haute administration, semble n'avoir eu pour but que d'assurer leur destruction complète (1). Ainsi faute d'une description exacte et complète du livre de 1494, je suis contraint de laisser Saint-Diey à la seconde place parmi les villes de Lorraine, qui les premières ont été pourvues d'établissements typographiques. La première lui est peut-être due ; il y a quelque probabilité que notre vieille patrie, déjà redevable à Saint-Diey de ses plus anciens monuments numismatiques (2), l'est encore envers cette ville, des premiers produits de la typographie importée sur le territoire lorrain. Mais probabilité n'est pas preuve, et jusqu'à ce que Saint-Diey ait pro-

(1) Ces archives, dit M. Gravier dans la préface de son histoire, » oubliées depuis la révolution qui les avait rendues publiques, » respectées par les cosaques des deux invasions, sont devenues la » proie du Vandalisme le plus inconcevable. Vendues et dispersées » dans deux départements, rachetées en partie par ordre du mi- » nistre Corbière, ce qui en reste est condamné à la pourriture » dans les anciennes prisons de l'officialité. »

(2) C'est à St.-Diey qu'ont été frappées les plus anciennes monnaies ducales de Lorraine, celles au moins dont l'attribution n'a rien de conjectural; car on lit distinctement les mots S. Deodatus au revers d'une monnaie de Gérard et de deux monnaies de Thierry. La légende Romane *Nancei* paraît pour la première fois sur les monnaies de Mathieu 1er. On la retrouve sur celles de Berthe sa veuve. Les seules monnaies connues de Simon II. portent au revers, *Sain-Diey.—Linivil* Lunéville. *Mericort* et *Muricort*, Mirecourt. *Nuef-cha.* et *Novo-castri*, Neuf-château et *Cirkes*, Sierck, figurent concurremment avec *Nancei*, dans les légendes de monnaies ducales qui ne peuvent être attribuées qu'aux règnes subséquents.

duit ses titres dont la valeur ne saurait être
appréciée d'après une description incomplète ,
St.-Nicolas aura la priorité; elle lui est assignée
par les Heures de Jacobi, à l'égard desquelles
tout est incontestable , l'emploi des caractères
mobiles à la date de 1503 , comme l'existence
même du livre. Les deux ouvrages ci-après, seuls
produits avérés en bibliographie des presses de
Saint-Diey, sont postérieurs de quelques années.

*Cosmographiæ introductio , cum quibusdam
geometriæ et astronomiæ principiis ad eam rem
necessariis. Insuper quatuor Americi Vespucii
navigationes. Universalis cosmographiæ descriptio tam in solido quam in plano, eis etiam
insertis quæ in Ptolomeo ignota a nuperis reperta sunt. Deodatæ, 1507, in-4°.* Fig. d'astronomie.

On trouve à la fin la marque de Gauthier Lud
avec les lettres **D. G. L. N. L.** et la souscription
suivante :

*Vrbs Deodate, tuo clarescens nomine præsul
Qua Vogesi montis sunt iuga pressit opus :
Pressit et ipse eadem Christo monimenta favente
Tempore venturo cætera multa premet.*

*Finitum 1111 , Kls septembris. Anno supra
sexquimillesimum VII.*

Le savant bibliographe à qui j'ai emprunté ces
détails, les a-t-il puisés à la source même? Qu'il
me soit permis d'en douter, l'orthographe latine
du titre m'est suspecte par sa correction inaccou-
tumée dans les livres de ce temps. D'ailleurs les
Nouvelles Recherches Bibliographiques ne se

borneraient pas à reproduire le titre et la souscription de ce rarissime volume, *le premier
selon toute apparence qui ait été imprimé à **S.-
Diey**.* Certes, si M. Brunet l'eût feuilleté, nous
en aurions aussi l'exact signalement. Il en est
de même de l'ouvrage suivant qui méritait description à plus d'un titre.

*Philesii Vosgesigenæ grammatica figurata ;
octo partes orationis, secundum Donati edi-
tionem et regulam Remigii, ita imaginibus ex-
pressæ ut pueri jucundo chartarum ludo faciliora
grammaticæ præludia discere et exercere queant.
Deodate per Gualterum Lud, 1509, in-4°.*

Ce volume doit être au moins aussi rare que
le précédent ; recommandé par le nom de son
auteur, décoré d'images amusantes , destiné aux
enfants, peu d'années ont dû suffire à sa destruction, et la difficulté d'en trouver un exemplaire
bien conservé devait déjà le recommander aux
bibliomanes du siècle suivant. Du reste ce
n'est pas, en voici bien la preuve, une nou-
veauté que l'emploi des cartes pour l'enseignement de l'enfance. Au commencement du XVIe
siècle , nous voyons Mathias Ringmann s'en
servir pour familiariser les enfants avec les premières notions de la grammaire, et ce n'est pas
à lui qu'appartient l'invention de cet ingénieux
procédé. Deux ans auparavant, Thomas Murner, professeur de philosophie à Cracovie, publiait un livre intitulé : *Chartiludium logicæ
seu logica poetica vel memorativa* (1). C'est,

(1) 1507. Réimp. à Paris, 1623 in-8. Fig. J'ai en ma possession

suivant M. Leber, (1) le premier exemple connu
de l'application du jeu de cartes à l'enseignement
des sciences. Le succès en fut si prodigieux que
l'auteur faillit d'être brûlé comme sorcier.

Quelques mots sur l'Introduction à la cosmographie imprimée par Gauthier Lud. Le titre
de ce volume annonce que la relation des voyages
d'Améric Vespuce en occupe une partie. Ce
n'est pas la relation originale, car elle avait été
écrite et publiée en italien, mais une traduction
qui l'a suivie de près, et qui, dans le livre imprimé à Saint-Diey, comprend les quatre voyages
du célèbre navigateur. On lit dans l'histoire de
Lorraine par Bexon et dans celle d'Henriquez
qu'Améric Vespuce, à son retour du Nouveau
monde, publiant en Portugal le récit de ses découvertes, le dédia à René II, duc de Lorraine.
C'est une anecdote qu'il appartient à la bibliographie de vérifier; mais, jusque là, il me semble
permis de supposer qu'elle a pris naissance dans
une dédicace à René de la traduction imprimée
dans ses états par Gauthier Lud, un de ses sujets.

Je termine ce chapitre par un extrait du recueil intitulé *Mélanges tirés d'une grande bibliothèque* (2) On y lit au tome 9 p. 64 et 65.

un ouvrage du même Thomas-Murner, intitulé *Chartiludium In-
stitute summarie doctore Thoma Murner memorante et ludente*
où les principales divisions du droit romain sont représentéas,
entre autres figures, par des grelots, des peignes, des baquets, des
glands, des cloches et des soufflets. Ce livre de format in-4º, caract.
goth. fig. en bois, porte pour souscription. *Impressum Argentinæ
per Joannem Prus. Impensis ac sumptibus circumpecti viri Joannis
Knoblauch, Anno Salutis nostræ MDXVIII.*

(1) Catalogue de la bibliothèque de M. Leber, rédigé par lui-
même. Paris 1839. 3 vol. in-8, tome 1er nº 1344.

(2) Paris 1779 — 1788. 70 tomes en 69 volumes ni-8º.

« Le *Viat de salut* a été imprimé dès 1527
» dans un lieu où je crois qu'il n'a jamais été im-
» primé d'autre livre, c'est à Longeville devant Bar-
» le-Duc, par ordre d'Hector d'Ailly, évêque de
» Toul, qui promit 40 jours d'indulgence aux fi-
» dèles qui le liront. Le caractère est gothique. »

Le Viat de Salut est un livre connu en bibliographie; son auteur est Guillaume Parvi ou Petit.
Il en existe plusieurs éditions, mais postérieures
à celle de Longeville que je regrette de ne trouver nulle part décrite avec plus de détail et qui
pourrait bien être la première de ce recueil de
prières (1). Un catalogue de livres, cité par Brunet à l'article *Parvi* des Nouvelles recherches bibliographiques, donne à celle-ci la date de 1537,
en attribuant l'ouvrage à Hector d'Ailly qui n'a
fait autre chose que d'en ordonner l'impression
pour l'usage de son diocèse ; mais il est à croire
que cette date n'est pas la véritable. Hector
d'Ailly ou d'Ali de Rochefort, en faveur duquel
Jean, cardinal de Lorraine, résigna l'Evéché de
Toul en 1524, n'existait plus en 1537. A sa mort,
arrivée en 1532, Jean de Lorraine avait repris
l'administration épiscopale, et un livre imprimé
en 1537 pour l'usage du diocèse l'eût été par ses
ordres ou par ceux d'Antoine Pélegrin en faveur
duquel il se démit cette année-là et pour la seconde fois de l'Evéché de Toul. Il faut donc,

(1) L'édition de 1538, Paris Olivier Maillard, in-8°est intitulée.
Le Viat du salut où est comprins l'exposition du Symbole , des
dix commandements, du *Pater* et de l'*Ave Maria*: instruction pour
soy confesser, avec des oraisons et plusieurs autres dévotes chan-
sons. Tel doit être aussi le titre de l'édition de Longeville.

jusqu'à plus ample informé, s'en rapporter, pour cette date, au recueil que je viens de citer et fixer à l'an 1527 l'impression du *Viat de salut* à Longeville, bourg considérable du duché de Bar qui, alors était déjà depuis près d'un siècle réuni à la Lorraine et paroisse de l'évêché de Toul.

Appendix au chapitre 1er.

Pour compléter ce que j'ai dit d'après Brunet des trois éditions du traité *De perspectiva artificiali* imprimées à Toul, par Pierre Jacobi, je vais, au risque de quelques répétitions, extraire d'un ouvrage du savant bibliographe Mercier de St.-Léger, deux notes ou l'édition de 1505 et celle de 1521 placées en regard l'une de l'autre sont décrites avec une certaine étendue.

« Bien avant les traités de perspective des P.P.
» Nicéron, minime, et Dubreuil, Jésuite, et dès
» le commencement du 16e siècle, il en avait
» paru un qui réunit bien des singularités et que
» l'on ne trouve ni dans la bibliographie de
» Debure ni dans les plus grandes bibliothèques.
» C'est un petit in folio de 46 feuillets qui a
» pour titre. *De artificiali perspectiva. Viator.*
» Au feuillet 10 de la signature E, on lit la sou-
» scription suivante, placée vis-à-vis la marque
» de l'Imprimeur: *Impressum Tulli anno catholice*
» *veritatis quingentesimo quinto supra mille-*
» *simū : ad nonū calendas julias. Solerti opera*
» *Petri Jacobi pbri incole pagi sancti Nicholai.*
» L'ouvrage qui est un traité élémentaire de pers-
» pective, ne contient que quatre pages de dis-
» cours; puis une suite de planches de perspec-

» tive gravées en bois, au simple trait ; puis un
» épilogue du livre en une page, suivi de la sou-
» scription que j'ai rapportée: on croirait le livre
» fini, point du tout; il doit avoir encore 4 feuil-
» lets, sans chiffres ni signatures, contenant la
» traduction française de l'opuscule latin, *afin
» que les non clercs puissent aussi entendre le
» contenu.* Le mot *Viator* du frontispice, et un
» distique latin imprimé au 9ᵉ feuillet de la si-
» gnature E indiquent le nom de l'auteur, Jean
» Pélegrin (en latin *Pelegrinus* ou *viator*). Sé-
» crétaire du roi Louis XI et chanoine de St.-
» Diey, mort en 1525, selon le P. Benoît Picart,
» qui rapporte son épitaphe dans l'histoire de
» Toul, et qui dit que Pélegrin avait fait im-
» primer dans cette ville un livre de perspecti-
» ve qui n'est autre que celui-ci. Le père Be-
» noît ajoute que ce même auteur avait travaillé
» sur Ptolémée, le géographe, et que son ouvrage
» manuscrit fut donné au chancelier Séguier. Ce
» livre de perspective fut réimprimé deux fois
» à Toul, par le même prêtre Pierre Jacobi, en
» 1509 et en 1521 in fol. Ces deux éditions sont
» indiquées dans la *Bibliotheca Croftsiana*, in-8°,
» p. 282, n° 5579; j'ai vu la 1ʳᵉ de 1505, chez un
» ami. On sait que Pierre Jacobi imprima en
» 1518, au bourg de St.-Nicolas dont il était
» curé, *Petri de Blarorivo Nanceidos libri* VI,
» in fol. où se voit de même que dans le livre de
» Pélegrin, la marque de l'Imprimeur, qui était

(1) Je pourrais ajouter *et de quelques erreurs*, car Pélegrin n'é-
tait pas chanoine de Saint-Dié, mais de Toul, et la devise de P.
Jacobi est *sola fides reficit* et non *sufficit*.

» une grande croix chargée de trois cloux et po-
» sée sur un cœur blessé ; avec les notes *sol la* et
» les mots *fides ficit* qui étaient l'emblème ou la
» marque de Guy Marchand, imprimeur libraire
» à Paris de 1490 à 1506 »

Notice raisonnée des ouvrages de Gaspar Schott..., par M. l'abbé M. (Mercier), abbé de St-Léger de Soissons , ancien bibliothécaire de Ste-Geneviève. Paris, 1785, in 8°, note de la p. 8.

Ibid. page 86., Additions et corrections.

» Depuis la rédaction de l'article sur la *Pers-*
» *pectiva Artificialis de Viator.* je me suis rap-
» pelé que j'avais autrefois un exemplaire de ce
» livre et qu'il devait être avec ceux que j'ai
» donnés à bibliothèque de Sainte-Geneviève. Je
» l'y ai effectivement retrouvé et voyant que c'é-
» tait l'édition de 1521, je l'ai comparé avec la
» première de 1505 qui est aussi dans la même
» bibliothèque sous la lettre V n° 219. Il est à
» propos de décrire cette édition de 1521 qui est
» la 3ᵉ. En voici le titre imprimé en une seule li-
» gne et en caractères majuscules : *De artifili Ps-*
» *pecva Viator terᵒ* (pour tertio). Au-dessous de ce
» titre sont gravées onze quarrés cencentriques (a)
» suivis de 18 vers français enfermés dans un grand
» cadre, et, tout au bas de la page, on lit ce qui suit :

Vicus	*Fans*	*. . Diocesio*
De bono ioanis:	*Coriloni:*	*Malleacēsis.*

« Le volume n'a que trente feuillets sur le
» dernier desquels on lit au recto (le verso est

(a) Dans la première édition, le frontispice après les deux pre-
miers mots du titre, présente douze cercles concentriques au-dessous desquels est le mot *Viator* ; ce que je n'ai pas dû et que je devais dire, pour la plus grande exactitude.

» tout blanc) la souscription suivante: *Impres-*
» *sum Tulli anno catholice veritatis quingente-*
» *simo vicesimo primo ad millesimŭ VII Idus*
» *septembris. Solerti opera Petri Jacobipbri*
» *incole pagi sancti Nicolai* et au-dessous : *sola*
» *fides sufficit.*

» Quoique cette édition n'ait, comme je l'ai
» dit, que 30 feuillets, elle est cependant plus
» ample que celle de 1505, qui en a 46 ; tant
» parce que le format en est plus grand , que
» parce que les planches y sont gravées sur les
» deux côtés des feuillets, au lieu que dans la 1ʳᵉ
» édition, les feuillets de planches ne sont im-
» primés que d'un seul côté. Voici encore quel-
» ques différences entre ces deux éditions. 1º
» Celle de 1521 est divisée en chapitres , et
» la traduction française suit immédiatement
» le latin sous chaque chapitre. 2º Le nombre
» des planches est beaucoup plus considérable
» dans cette édition que dans l'autre ; elles sont
» mieux gravées et au-dessous de chaque plan-
» che, l'édition de 1521 présente une inscrip-
» tion française rimée qui n'est pas dans la 1ʳᵉ :
» par exemple, au feuillet 8, *verso* de la signa-
» ture C, sous le plan en perspective du désert
» de la Ste-Beaume, en Provence, où se retira la
» Magdelaine, on voit 16 lignes rimées qui ne
» peuvent pas s'appeler des vers ; 3º Enfin le
» texte du discours est refondu et augmenté.
» De ce détail qui peut interresser les bibliogra-
» phes, il résulte que la réunion de ces deux
» éditions rares dans le même dépôt, est un
» objet réel de curiosité.

2ᵉ *Appendix au chapitre 1ᵉʳ.*

Depuis l'impression de ce chapitre, où je n'ai pu faire connaître que d'après nos maîtres en bibliographie le traité *De Perspectiva Artificiali* du Pseudonyme *Viator* et le volume non moins rare et peut-être plus précieux qui, sorti en 1507 des presses de St.-Diey, contient une traduction latine des Quatre Navigations d'Améric Vespuce, un examen de ces incunables de la typographie Lorraine m'a mis en situation de recueillir quelques détails trop intéressants, pour n'être pas consignés dans un livre de bibliographie spéciale comme celui-ci.

Parlons d'abord du traité *De Perspectiva artificiali*. L'exemplaire que j'ai feuilleté est celui de la bibliothèque de l'Arsenal. Son parfait état de conservation intérieure me permet de décrire avec certitude l'édition de 1521 à laquelle il appartient.

Les trente feuillets non chiffrés, sign. A-C v, dont elle se compose, contiennent le titre tel que le reproduit Mercier de St.-Léger. Au-dessous, on lit ces dix-huit vers français qui témoignent bien plus de l'ardent amour de Pélegrin pour les beaux arts que de son talent poétique (1).

O bons amis trespassez et vivans
Grans esperiz, Zeusins, Apelliens

---

(1) Le lecteur ne me saura pas mauvais gré d'avoir fait à l'orthographe de ces vers quelques corrections nécessaires pour leur intelligence, et qui du reste se bornent à la substitution des v aux u, des majuscules aux minuscules employées comme initiales des noms propres ainsi qu'au commencement des vers, enfin des lettres omises aux signes d'abréviations qui indiquent leur absence

Décorans France, Almaigne et Italie
Geffelin, Paoul et Martin de Pavie,
Berthelemy, Fouquet, Poyer, Copin,
André Montaigne et Damyens Colin,
Le Pelusin, Hans Fris et Léonard,
Hugues, Lucas, Luc, Albert et Benard,
Jehan Iolis, Hans Grun (1) et Gabriel,
Vuastele, Urbain et Lange Micael,
Symon du Mans : dyamans, margarites,
Rubiz, Saphirs, smaragdes, (2) crisolites,
Amétistes, iacintes et topazes,
Calcedones aspéres et à faces,
Jaspes, béritz, acates et cristaux,
Plus précieux vous tiens que tels joyaux
Et touz autres nobles entendemens
Ordinateurs de spécieux sigmens.

Ce n'est pas ici le lieu de rétablir les noms estropiés de ces artistes du quinzième et du seizième siècle, que le bon chanoine de Toul avait sans doute connus dans ses voyages, les uns personnellement, les autres par leurs œuvres, ou dont la renommée était parvenue jusqu'à lui. Le lecteur, ami des beaux-arts, a dû au surplus reconnaître sous leur déguisement orthographique, André Montegna, Le Perugin et Michel-Ange. L'appellation familière par le nom de baptême seulement, en usage au temps où écrivait Pélegrin, semble désigner Léonard de Vincy, Lucas de Leyde et Albert Durer, et le nom mal écrit

(1) Hans Grün est Jean-Baudoin Grün, peintre et habile graveur sur bois, né à Veyersheim à trois lieues de Strasbourg. L'Alsace et l'Allemagne Rhénane possèdent bon nombre de tableaux de cet

(2) Emeraudes.

de sa ville natale suffit pour rappeler Raphaël d'Urbin, qu'on s'étonnerait de ne pas voir figurer dans cette glorieuse nomenclature.

Au verso du titre, on trouve une préface qui, comme le texte, est en latin, suivie de la traduction française. A compter du feuillet B, le volume n'offre plus que des figures de perspective représentant des groupes de personnages et des édifices vus à l'extérieur ou à l'intérieur. Elles sont expliquées par des distiques au bas de chaque page. Ainsi, au-dessous de l'une d'elles qui représente une maison de campagne, on lit :

C'est aux champs une maison plate,
Où il ne fault ne clou ne late.
Sous une autre :
Telle maison que la présente,
Et quatre cens livres de rente.

Celle-ci est une maison de ville, joli bâtiment à deux ailes que se souhaite notre auteur, avec un revenu qui, de nos jours et en le prenant à la lettre, paraîtrait tout au plus suffisant pour y entretenir un portier.

Entre autres figures et toutes au trait, on remarque encore une chambre meublée du seizième siècle, un pont que Viator *a parpassé en errant du Puy à Mont-Ferrant*, les arches du pont St.-Esprit, l'intérieur de Notre-Dame de Paris, le portail de l'église d'Angers et une vue du désert de Sainte-Baume.

artiste qui a longtemps habité Strasbourg.— Jehan Iolis pourrait bien être le graveur sur bois que Papillon appelle Iollat et auquel il attribue les jolies bordures des Heures de Philippe Pigouchet et de Simon Vostre.

Où jadis dure pénitence,
Fist la Magdeleine en Provence.

Au-dessous de la souscription telle que la rapporte Mercier de St.-Léger, on lit : *Sola fides suf-ficit* (1). Dans la Nancéide, la devise de Pierre Jacobi est comme on sait *Sola fides reficit.* J'allais oublier de dire que la grande initiale A, formée de nœuds de ruban, qui commence dans ce dernier livre le privilége du duc Antoine, se retrouve dans le *Viator* de 1521 en tête du feuillet A 11.

Voilà tout ce que l'examen de l'exemplaire de la bibliothèque de l'Arsenal me fournit d'additions aux détails donnés per Mercier de St.-Leger sur la troisième édition du traité *De Perspectiva Artificiali.* Je passe à l'incunable de St.-Diey, *Cosmographiæ Introductio*, dont j'ai été assez heureux pour procurer récemment un exemplaire à la bibliothèque publique de Nancy ; et c'est d'après cet exemplaire bien entier et parfaitement conservé que je vais le décrire.

Cosmographiæ introductio cvm qvibvsdam geometriæ ac astronomiæ principiis ad eam rem necessariis. Insuper quattuor Americi Vespucii nauigationes. Vniuersalis Cosmographiæ descriptio tam in solido q̄ plano, eis etiam insertis quæ Ptholomeo ignota a nuperis reperta sunt.. 1 vol. pet. in 4° dont les feuillets au nombre

(1) Cette devise était aussi celle d'un imprimeur parisien de la fin du XVe siècle, Guy-du-Marchand dont les presses ont entre autres livres mis au jour, en 1490, une Danse Macabre et en 1493 le Composte et Calendrier des bergers. V. La Caille. Histoire de l'imprimerie et de la librairie, page 66.

de 52 en tout, titre compris, sont sans chiffres ni
réclames. Il est formé de deux parties bien distinctes, dont la première contient l'introduction
à la Cosmographie, et la seconde, les navigations d'Améric Vespuce; toutes deux sont
imprimées sur bon papier en beaux caractères
romains, mais avec de nombreuses abréviations
et des fautes d'impression qui trahissent l'inex-
périence du typographe. La première partie a vingt
feuillets réunis en quatre cahiers, dont les deux
premiers A-B ont chacun six feuillets, et les deux
autres C et D n'en ont que quatre. On y rencontre cinq figures de cosmographie dont quatre
imprimées dans le texte et la cinquième sur un
feuillet détaché. Cette première partie contient
d'abord une dédicace *divo Maximiliano semper
Augusto gymnasium Vosagense.,* datée de St.-
Diey 1507, et commençant au verso du titre.
Vient ensuite une table des chapitres, puis le
texte commence avec le fol. A, ɪɪɪ.

Ou remarque dans la dédicace à l'empereur
Maximilien une phrase qui ne permet pas de
concéder à M. Gravier (1), que déjà en 1494 l'imprimerie de St-Diey ait produit les trois feuillets
in-4° contenant les bulles d'institution et l'office
de la fête de la Présentation au Temple : « Nobis
« (*qui librariam officinam apud Lotharingiæ
«Vesagum, in oppido cui vocabulum est sancto
« Deodato, nuper ereximus)* Phtolomei libros post
« exemplar græcum recognoscentibus... » Certes
personne n'imaginera que le mot *nuper* ait pu être

(1) Histoire de St.-Dié, page 402—3.

employé en parlant d'une fabrique de livres, *li-brariam officinam*, qui déjà en 1507 aurait eu au moins treize ans d'existence. Que Gaulthier Lud ait consacré les prémices de ses presses à la publication de ces bulles et de cet office, rien de plus vraisemblable : mais ce ne peut guère être que dans l'année qui a précédé l'épître dédicatoire où l'imprimerie de St.-Diey est mentionnée comme un établissement de création récente, c'est-à-dire en 1506. Il faut donc rejeter définitivement cette date de 1494 qui eût assigné à St.-Diey la priorité sur St.-Nicolas-de-Port, dans les annales de la typographie (1).

Le texte de l'introduction à la Cosmographie présente aussi quelques passages qui méritent d'être signalés à l'attention, car ils intéressent à la fois la bibliographie et l'histoire de la géographie moderne.

Fol. B III. verso.

.. « Et maxima pars terræ semper incognitæ, nuper ab Americo Vespucio repertæ. Qua de re ipsius quatuor subjungentur navigationes, ex Italico sermone in Gallicum et ex Gallico in Latinum versæ. (2)

(1) Il est tout entendu qu'elle reste admissible dans l'hypothèse de produits de l'imprimerie tabellaire par lesquels Gaulthier Lud aurait préludé à l'établissement à St-Diey d'une typographie en caractères mobiles.

(2) L'orthographe latine du livre n'est pas reproduite dans cette citation ni dans celles qui la suivront. Il suffisait qu'elle le fût dans les intitulés et là je m'y suis conformé scrupuleusement ainsi que dans la souscription. Une orthographe inusitée depuis plus de trois siècles, et chargée d'abréviations, ne m'a pas paru propre à faciliter l'intelligence des passages sur lesquels j'appelais l'attention du lecteur.

Ainsi c'est d'après une traduction française que l'éditeur de St.-Diey donne en latin les Quatre Navigations d'Améric Vespuce publiées originairement en langue italienne. L'existence constatée en 1507 de cette première traduction donne lieu de conjecturer que, des deux éditions françaises de ce livre citées au tome 3 des Nouvelles Recherches Bibliographiques, imprimées l'une par Jean Janot (1) et l'autre par Jean Trepperel ou sa veuve, et toutes deux sans date, une au moins est non-seulement antérieure à celle de Galliot du Pré, dont le privilége est du 10 janvier 1516 (vieux style); mais qu'elle a paru en 1505 ou 1506. Ce n'est du reste qu'une conjecture subordonnée à l'examen de ces deux éditions, et il est possible qu'il en existe une autre plus ancienne, encore inconnue aux bibliographes.

« Fol. C. Et quarta orbis pars, quam quia Ame-
» ricus invenit Amerigen, quasi Americi terram
» sive Americam, nuncupare licet. »
3e feuillet du même cahier C, au verso.

« Nunc vero et hæpartes sunt latine lustra-
» tæ et alia quarta pars per Americum Vesputium
» (ut in sequentibus audietur) inventa est, quam
» non video cur qui jure vetet ab Americo in-
» ventore, sagacis ingenii viro, Amerigen quasi
» Americi terram sive Americam dicendam. »
De ces deux derniers passages on peut con-

(1) Sensuyt le nouveau monde, z nauigations faictes par Eme-
ric de Vespuce Florentin es pays z isles nouuellement trouvez
auparauât a nous incongneus... Imprime nouuellement à Paris par
Jehan Jauot. petit in 4° goth.

clure que le nouveau monde n'avait pas encore
de nom en 1507, un an après la mort de Christophe Colomb, et que l'initiative de son appellation actuelle *Amérique* appartient à l'auteur de
Cosmographiæ Introductio, lequel ignorait ou
affectait d'ignorer que Colomb avait, antérieurement aux navigations de Vespuce, découvert
cette quatrième partie du globe terrestre.

L'introduction à la Cosmographie est suivie
d'un supplément, *appendix*, qui commence fol.
D, 111, verso, et finit au recto du feuillet suivant,
au bas duquel on lit : *Finis introductionis*.

Passons à la seconde partie.

Elle est formée de trente-deux feuillets réunis
en six cahiers signés A, b, c, d, e, f. A et d,
ont chacun huit feuillets, les autres n'en ont que
quatre.

Voici le titre tel qu'il se présente, fol. A.

*Quattvor Americi Vespytii nauigationes. Eius
qui subsequent terrarumē descriptionē vulgari
Gallico in latinum transtulit Decastichon ad lec-
torem.....* Suivent dix vers puis un distique au
lecteur, à l'adresse duquel on voit encore, au verso
du même feuillet, vingt-deux autres vers latins
de Philesius Vogesigena (Mathias Ringmann),
l'un des fondateurs de l'imprimerie de St.-Diey.

L'Epître dédicatoire ci-après, commence
avec le feuillet A 11. Adressée par Améric Vespuce à René II, duc de Lorraine, elle mérite
d'être transcrite en entier, à cause des particularités biographiques qu'elle contient sur l'un et
sur l'autre.

« Illustrissimo Renato Iherusalem et Siciliæ
» regi, duci Lothoringiæ ac Barri, Americus Ves-
» pucius humilem reverentiam et debitam re-
» commendationem.

« Fieri potest, illustrissime rex, ut tua majes-
» tas mea ista temeritate ducatur in admiratio-
» nem, propterea quod hasce litteras tam prolixas
» ad te scribere non subverear, cum tamen sciam
» te continuo in arduis consiliis et crebris rei-
» publicæ negotiis occupatissimum. Atque exis-
» timabor forte non modo presumptuosus sed
» etiam otiosus, id mihi muneris vendicans ut
» res statui tuo minus convenientes, non delec-
» tabili sed barbaro prorsus stilo, (veluti amusus
» ab humanitatis cultu alienus) ad Fernandum
» Castiliæ regem nominatim scriptas ad te quo-
» que mittam. Sed ea quam in tuas virtutes
» habeo confidentia et comperta sequentium
» rerum, neque ab antiquis neque neotericis scrip-
» tarum, veritas me coram T. M. fortassis excu-
» sabunt. Movit me imprimis ad scribendum
» presentium lator Benevenutus M. T. humilis
» famulus et amicus meus non pœnitendus qui,
» dum me Lisbonæ reperiret, precatus est ut
» T. M. rerum per me quatuor profectionibus in
» diversis plagis mundi visarum participem fa-
» cere vellem. Peregi enim bis binas navigatio-
» nes ad novas terras inveniendas, quarum duas,
» ex mandato Fernandi inclyti regis Castiliæ,
» per magnum Oceani sinum occidentem versus
» feci, alteras duas jussu Manuelis Lusitaniæ re-
» gis ad Austrum. Itaque me ad id negotii ac-

» cinxi sperans quod T. M. me de clientulorum
» numero non excludet, ubi recordabitur quod
» olim mutuam habuerimus inter nos amicitiam,
» tempore juventutis nostræ, cum grammaticæ
» rudimenta imbibentes sub probata vita et doc-
» trina venerabilis et religiosi patris de S.-Mar-
» co Fra. Georgii-Anthonii Vesputii, avunculi
» mei, pariter militaremus. Cujus avunculi vesti-
» gia utinam sequi potuissem! alius profecto (ut
» et ipse Petrarca ait) essem quam sum. Ut cum-
» que tamen sit non me pudet esse quod sum.
» Semper enim in ipsa virtute et rebus studio-
» sis summam habui delectationem. Quod si
» tibi hæ narrationes omnino non placuerint,
» dicam sicut Plinius ad Mecenatem scri-
» bit. *Olim facetiis meis delectari solebas.* Et
» licet M. T. sine fine in reipublicæ negotiis
» occupata sit, nihilominus tantum temporis
» quantum suffuraberis, ut has res quamvis ridi-
» culas (quæ tamen in sua novitate juvabunt)
» perlegere possis. Habebis enim hisce meis
» litteris, post curarum fomenta et meditamenta
» negotiorum, non modicam delectationem ;
» sicut et ipse fœniculus prius sumptis esculentis
» odorem dare et meliorem digestionem facere
» assuevit. Enim vero si plus æquo prolixus fuero
» veniam peto. Vale.

» Inclytissime rex, sciat T. M. quod ad has ip-
» sas regiones mercandi causa primum venerim.
» Dumque per quadrennii revolutionem in eis
» rebus negotiosus essem et varias fortunæ muta-
» tiones animadverterem, atque viderem quo

» pacto caduca et transitoria bona hominem ad
» tempus in rotæ summo tenerent, et deinde ip-
» sum præcipitarent ad imum qui se possidere
» multa dicere poterat, constitui mecum ,. variis
» talium rerum casibus exanclatis, istius modi
» negotia dimittere et meorum laborum finem
» in res laudabiliores ac plus stabiles ponere.
» Ita disposui me ad varias mundi partes con-
» templandas et diversas res mirabiles videndas.
» Ad quam rem se et tempus et locus opportune
» obtulit. Ipse enim Castiliæ rex Fernandus tunc
» quattuor parabat naves ad terras novas occiden-
» tem versus discooperiendas, cujus celsitudo
» me ad talia investiganda in ipsam societa-
» tem elegit. Et solvimus vigesima die Maii
» M.CCCCXCVII de portu Caliciæ (1), iter nos-
» trum per magnum Oceani sinum capientes, in
» qua profectione XVIII consummavimus men-
» ses, multas invenientes terras firmas et insulas
» pene innumerabiles ut plurimum habitatas,
» quarum majores nostri mentionem nullam
» fecerunt. Unde et ipsos antiquos talium non
» habuisse notitiam credimus. Et nisi memoria
» me fallat memini me in aliquo legere quod
» mare vacuum et sine hominibus esse tenue-
» rint. Cujus opinionis ipse Dantes poeta
» noster fuit, ubi duodevigesimo capite, de infe-
» ris loquens, Ulissis mortem confingit. Quæ au-
» tem mirabilia viderim in sequentiam processu
» T. M. intelliget.

La découverte de la terre ferme d'Amérique

(1) Cadix.

que s'attribue Vespuce dans la relation de ses
voyages, lui a été vivement contestée, à diverses
époques, par un grand nombre d'écrivains, parmi
lesquels se place au premier rang d'ancienneté
et d'autorité l'illustre Evêque de Chiappa, Bar-
thélemy de Las Casas. Les prétentions du
navigateur Florentin ont été non moins vivement défendues au 18° siècle par l'abbé Bandini,
son compatriote, et par le père Canovai : le premier dans une histoire, le second dans un éloge.
Une sorte de guerre littéraire éclata en 1789,
à Florence même, au sujet de ce dernier ouvrage
que l'apologiste de Vespuce avait fait suivre de
plusieurs pamphlets où les injures ne sont pas
épargnées à ses adversaires. Cette polémique a
été réveillée dans ces dernières années; et parmi
les détracteurs de Vespuce nous avons vu sur-
gir M. de Humboldt, dont l'opinion est une autorité du premier ordre en géographie et deux
savants académiciens de Madrid, M. de
Navarrette et M. le vicomte de Santarem. Mon
intention n'est aucunement de résumer, bien
moins encore de discuter ici tout ce qui a été
écrit pour ou contre la vérité historique de la
découverte du nouveau monde par Vespuce.
C'est sous le point de vue de la bibliographie que
j'examine le volume imprimé à St.-Diey en 1507
et la rencontre de quelques faits ignorés ou peu
connus qui se rattachent à l'histoire de Lorraine,
m'autorise seule à dévier du plan tracé par le
titre de mon livre.

Un fait de ce genre ressort de l'épître dédi-

catoire que je viens de donner tout au long. C'est
cette *camaraderie d'école*, cette amitié de jeunesse que fait valoir Vespuce auprès de René II,
duc de Lorraine, et dont il ne paraît pas qu'aucun des anciens historiens de notre pays et des
biographes de ce prince ait eu connaissance. Le
fils de Ferry de Vaudémont et d'Yolande d'Anjou, né en 1451, à Joinville suivant les uns, au
château d'Angers suivant les autres, baptisé dans
l'église cathédrale de Toul, eut pour précepteur
Didier de Bistroff, chanoine de cette église et
prévôt de St.-Diey, mort en 1496 (1). En 1473
et alors âgé de 22 ans, il se trouvait au château
de Joinville habité par sa mère, lorque Charles-
le-Téméraire, duc de Bourgogne, le fit enlever
dans le dessein de se rendre maître de la Lorraine, objet de cette ardente et opiniâtre con-
voitise que la mort seule put éteindre (2). En
1482, époque où l'histoire nous le montre en
Italie, il avait plus de trente ans, et il était généralissime des armées de la république de Venise.
Comment concilier ces faits avérés avec le séjour
que ce jeune prince aurait fait à Florence, parta-
geant avec Améric Vespuce les leçons de grammaire que donnait l'oncle de ce dernier, Georges-
Antoine Vespuce? Comment se fait-il encore que
Julien Ricci, célèbre antiquaire (3), ne men-

(1) Dom Calmet. Hist. de Lorraine, tome 3, p. 509
(2) On dit que Louis XI eut horreur de cet attentat, et l'on sait
par quel moyen du même genre il contraignit le duc Charles à
rendre René à sa mère.
(3) J'ai cherché vainement le *célèbre antiquaire* Julien Ricci

tionne pas un prince, le comte René de Vaudémont, dans le passage cité par Bandini, l'un des
panégyristes d'Améric Vespuce, et où sont nommés les élèves de l'école de Georges—Antoine
Vespuce ?

Ces deux objections que je n'ai point affaiblies
en les rappelant, sont faites par M. de Santarem, dans un écrit récemment publié sur Améric
Vespuce et ses voyages. Ce savant s'est attaché à
réunir en faisceau tous les faits positifs ou négatifs
dont on peut conclure, de près ou de loin, que la
priorité de la découverte du Nouveau-Monde par
Vespuce· est une fable inventée par celui-ci aux
dépens de Colomb dont il voulait s'approprier
la gloire, habilement propagée d'accord avec
l'imposteur Florentin, et lorsque déjà depuis un
an Colomb était mort, par l'auteur de l'Introduction à la Cosmographie, répétée sur la foi de
ce dernier par quelques écrivains du seizième
siècle, et admise sans examen par la plupart des
géographes de la fin de ce siècle et du dix-septième. Le séjour à Florence de René, jeune et étu-
diant la grammaire sous la férule de Georges-
Antoine Vespuce, est aux yeux de M. de Santarem un de ces faits qui sont convaincus de faux
parce qu'ils ne peuvent s'allier au temps, aux
circonstances et aux personnes. L'épître dédicatoire des navigations, sinon controuvées au
moins antidatées, d'Améric Vespuce est elle-

dans le Dictionnaire historique de Chaudon et dans la Biographie
universelle. C'est du reste, à ce qu'il paraît, Bandini qui lui
donne ce brevet d'une célébrité si peu connue.

même une de ces impostures littéraires si communes au quinzième et au seizième siècle, de ces mystifications qui d'abord ont eu pour dupes quelques savants, et plus tard le public entraîné par leur exemple.

Vespuce n'est-il qu'un imposteur, ou a-t-il réellement fait le voyage de 1497 (1) dans lequel il prétend avoir découvert le continent du Nouveau-Monde? A-t-il, par une confusion de dates faite à dessein, reporté deux ans en arrière l'expédition qui partit d'Espagne en 1499, sous les ordres d'Hojéda, la première dont il ait fait partie et encore comme subalterne, la seule peut-être,

(1) Voici quelles sont, au dire de Vespuce, les dates de départ et de retour de ses quatre navigations.

1º Départ de Cadix le 20 mai 1497.

Retour le 15 octobre 1499.

2º Départ de Cadix le 11 mai 1489 (sans doute 1499).

Retour le 8 octobre sans millésime, mais selon toutes les apparences en 1500.

3º Départ de Lisbonne le 10 mai 1501.

Retour en 1502, après seize mois de navigation.

4º Départ de Lisbonne le 10 mai 1503.

Retour le 28 juin 1504.

Il est à remarquer que d'après ces dates reproduites par Grinæus dans son *Novus orbis* (Basileæ 1537) où il a réimprimé les Quatre Navigations de Vespuce, le départ de la seconde expédition au 11 mai 1599 (car 1589 n'est là que par une faute d'impression) est incompatible avec le retour de la première au 15 octobre même année, en ce que la même personne n'aurait pu faire partie de l'une et de l'autre. Je m'étonne que cette particularité ait échappé aux nombreux détracteurs de Vespuce, et ne puis me l'expliquer que par une date différente de départ ou de retour, imprimée soit dans l'autre édition sortie des presses de St.-Diey en la même année 1507, soit dans la traduction française ou le texte italien des Navigations. C'est un fait à vérifier. Tous ce que je puis dire à ce sujet, c'est que ces deux dates inconciliables sont répétée dans la réimpression latine des relations de Vespuce qui fait partie de l'*Orbis novus* de Grinæus.

car on lui conteste encore les deux dernières ? Ces questions ne sont point de mon ressort. Je n'ai à examiner que l'impossibilité prétendue de concilier les relations de jeunesse de Vespuce et de René, avec ce que l'histoire nous apprend du fils de Ferry de Vaudémont, et sur ce point il me semble que l'opinion de M. de Santarem n'est pas établie d'une manière solide. En effet, ce n'est point un alibi qu'il invoque ; il n'argumente en réalité que du silence de l'histoire sur la jeunesse de René II jusqu'à l'époque de son enlèvement. Comme s'il en ressortait par une conséquence inévitable que, jusqu'en 1473, ce prince n'était jamais sorti du château de Joinville, n'avait jamais quitté le giron de sa mère ! Comme s'il était invraisemblable que Ferry de Vaudémont, son père, l'eût amené avec lui en Italie, soit en 1460 lorsque René 1er l'y envoya au secours de Jean de Calabre, soit en 1463 lorsqu'il accompagna ce prince, son frère par alliance et son souverain, dans la dernière expédition qui fut tentée par la maison d'Anjou pour reconquérir le royaume de Naples ! Et s'il était une ville d'Italie dont le séjour convînt pour l'éducation du jeune René et pour sa sûreté tout à la fois, tandis que son père et son oncle allaient tenter les hasards des batailles et de l'inconstance napolitaine, c'était assurément Florence qui, peu d'années auparavant, avait nommé Jean de Calabre généralissime de ses troupes, Florence déjà au premier rang de la civilisation italienne, et où résidaient alors tant

de savants et d'artistes célèbres. Que l'antiquaire Ricci n'ait pas nommé ce prince parmi
les élèves de Georges-Antoine Vespuce, peu importe. Faut-il s'étonner de cette omission, quand
tout ce qu'il nous apprend du professeur de
grammaire et de son école paraît se réduire à
cette phrase, la seule qu'ait citée M. de Santarem (1)? « Antoine Vespuce donnait des leçons de
» grammaire à des jeunes gens de la noblesse, et
» entre autres Pietro-Misser-Thomas-Soderini
» et Americo Vespucio étaient au nombre de ses
» disciples. » Est-ce là nommer les élèves de
Georges-Antoine Vespuce?

Quant à la dédicace des Navigations au même
prince, alors duc de Lorraine, on ne me persuadera jamais qu'elle soit une supposition littéraire.
C'est du vivant de ce prince, dans une ville de
ses états, où la typographie vient seulement
d'être importée, que cette épître paraît en tête
d'une traduction latine des quatre lettres de
Vespuce, déjà publiées en italien et en français,
mais dont il n'existait encore en latin que des
traductions partielles. Deux éditions successives (2), sorties des presses du chapître de St.-
Diey, donnent en Lorraine et dans les états voisins
la publicité la plus étendue au livre dont elle fait
partie. Et René II n'était point un souverain à
l'insu duquel on aurait pu imprimer deux fois
dans un an, et répandre dans ses états des rela-

(1) Recherches hist. etc., sur Améric Vespuce et ses voyages.
Paris, Arthus Bertrand, 1842, in-8, p. 58.
(2) Voyez page 95.

tions de découvertes qui, depuis plusieurs années, occupaient l'attention non-seulement des
savants mais de toute l'Europe civilisée , relations dont l'auteur fait hommage au duc lui-
même, en rappelant qu'ils ont été condisciples et
en invoquant les souvenirs d'une ancienne amitié.
René II était un prince éclairé pour le temps où
il vivait, son goût pour les sciences et les lettres
est attesté par tous ses historiens, et la carte hydrographique qu'on attribue à Christophe Colomb , (1) gravée par les soins de notre duc, avec
des rectifications et des additions en rapport
avec les découvertes plus récentes des navi-
gateurs, qui dans les premières années du XVIe
siècle avaient reconnu sur plusieurs points les

(1) Cette carte dite la Carte de l'Amiral n'a paru qu'après
la mort de René dans la traduction latine de Ptolémée, imprimée
à Strasbourg en 1513 par Jean Schott, où il en est question dans
ces termes. « Charta autem marina quam hydrographiam vocant per
» admiralem quondam serenissimi Portugaliæ (il faut lire Hispa-
» niæ) regis Ferdinandi ceteros denique lustratores verissimis pera-
» grationibus lustrata, ministerio Renati, dum vixit nunc pio mortui
» ducis illustriss. Lotharingiæ, liberalius prelographatione tradita
» est, cum certis tabulis a fronte hujus chartæ specificatis. Cujus
» item Ducis illustriss. honori cedit extensa ad finem dominii
» sui tabula studiosissime pressa.
L'autre carte mentionnée dans la dernière phrase, et dont on
fait encore honneur à René II, est le plus ancien monument géographique du duché de Lorraine. Dressée par les ordres de ce
prince et probablement gravée de son vivant, c'est-à-dire avant
la fin de 1508, elle est antérieure de plus de trois quarts de siecle
à celle de Gérard Mercator et du président Alix qui, dans l'opinion générale, passe pour la plus ancienne carte de Lorraine, et
de plus de 60 ans à la carte d'Alsace par Daniel Specklin, laquelle
comprend quelques parties de notre pays limitrophes de cette contrée. Elle est gravée en bois : les recherches qui me l'ont fait
rencontrer dans le Ptolémée de Jean Schott, où elle est la ving-
tième du supplément, m'ont appris aussi que la publication de
ce livre a été préparée à St.-Diey où il devait être imprimé.

côtes du Nouveau-Monde, témoigne combien il
s'intéressait aux progrès de la géographie.
C'est René II, qui appelait les livres ses meil-
leurs conseillers et se plaisait à répéter cette
sentence de saint Augustin, qu'un souverain igno-
rant est un âne couronné. Il faudrait pour faire
croire qu'il n'a pas eu connaissance du livre
dont il est question, prouver que ce livre n'a
point été imprimé dans ses états et que le nom
de St.-Diey, inscrit sur la dernière page,
dans les vers latins qui précèdent immédiatement la souscription, est une seconde impos-
ture, ajoutée à celle de la dédicace. Or, cette

Quelle que soit la cause encore ignorée qui en a arrêté l'impression
jusqu'en 1513, où elle a eu lieu à Strasbourg par les soins et aux
frais de Jean Schott, il est intéressant, pour l'histoire de la typographie lorraine, de remarquer que les caractères de ce Ptolémée
sont identiquement les mêmes que ceux de l'Introduction à la
Cosmographie. Ne sont-ils que sortis de la même fonderie, ou
bien Jean Schott aurait-il acquis le matériel de l'imprimerie de
St.-Diey ? Cette dernière conjecture n'est pas dénuée de fonde-
ment, car un nouveau grand-prévôt avait succédé à Louis de
Dommartin, dont la mort suivit d'assez près celle du duc René,
et le chapitre n'avait plus à sa tête le Prélat élevé dans les univer-
sités italiennes, qui se glorifiait d'avoir mis la main à l'impression de l'Introduction à la Cosmographie et promettait d'imprimer
ultérieurement beaucoup d'autres ouvrages. *Tempore venturo
cætera multa premet.* Enfin Ringmann lui-même avait cessé de
vivre en 1511, Ringmann, un des fondateurs de l'établissement
typographique, lui qui avait rapporté d'un voyage en Italie un
texte grec de Ptolémée que lui avait donné le célèbre Pic de la
Mirandole et à l'aide duquel il devait réimprimer, avec de nombreuses corrections, la traduction latine de Jacques Angelus On
conçoit que, survenues dans un intervalle moindre de trois
années, la mort de ce savant, celle de Louis de Dommartin et
celle de René, durent influer sur les destinées de l'imprimerie de
St.-Diey ainsi que sur la publication du Ptolémée qu'elle allait
mettre au jour, et que semble annoncer la dédicace de *Cosmographiæ Introductio* à l'Empereur Maximilien. (V. ci-dessus p. 77.)

preuve n'a pas même été entreprise. On n'a point élevé de doute sur le lieu d'impression de l'Introduction à la Cosmographie pas plus que sur sa date, on n'allégue pas que l'épître dédicatoire ait été imprimée après coup ; et de ce que cette épître a été adressée à René, de ce qu'il est de toute invraisemblance qu'elle ait été ignorée de ce prince, il est forcé de conclure que les particularités biographiques qu'elle nous révèle sont vraies. Si elles eussent été supposées pour donner crédit aux relations mensongères du navigateur Florentin, non-seulement on devrait dire avec M. de Humbold et M. de Santarem, que l'auteur de l'Introduction à la Cosmographie a été sciemment le complice de Vespuce, dans l'usurpation d'une gloire qui n'appartenait qu'à Christophe Colomb, mais encore comprendre dans la même accusation le chanoine imprimeur Gaultier Lud, le chapître de St.-Diey, son grand prévôt Louis de Dommartin, qui se fait gloire d'avoir mis la main à l'impression, enfin le duc René lui-même. Autrement il faudrait que dans les deux éditions successives du livre dont il s'agit, on se fût insolemment joué du nom du souverain par la supposition d'une dédicace qui ne lui avait pas été adressée, et presque de sa personne en lui prêtant des faits imaginaires.

Je n'ai sans doute pas besoin de dire que l'admission comme vraie de ces particularités de la jeunesse de René, n'implique pas croyance en la véracité de Vespuce, quant aux faits

personnels à lui seul qu'il avance dans cette dédicace et dans ses Navigations. Rien n'empêchait l'aventurier Florentin de résumer , en s'a-
dressant au prince dont il avait été le condisci-
ple , les récits plus ou moins mensongers qu'il
faisait au public, récits auxquels du reste il paraît qu'on ne crut pas longtemps en Lorraine
ni dans les pays voisins. Car le Ptolémée dont
il vient d'être question contient, à côté de la
carte hydrographique de Christophe Colomb,
une autre carte intitulée *Tabula terræ novæ*
qui représente avec plus de détails la côte orientale du Nouveau-Monde et sur laquelle on lit : *hæc
terra cum adjacentibus insulis inventa est per
Colombum Januensem, ex mandato regis Cas-
tillæ* (1). D'Améric Vespuce et de ses découvertes, pas un mot dans cette édition de Ptolémée
élaborée par Ringmann lui-même (2) , à St-Diey
où elle devait paraître, et revue par Jean Schott,
qui l'imprima en 1513 à Strasbourg , où un autre typographe , Gruninger , avait quatre ans
auparavant réimprimé l'Introduction à la Cosmographie et les Navigations de Vespuce.

Je reviens aux détails de bibliographie que
cette digression critique a laissés en arrière.

La première relation d'Améric Vespuce est
au verso du feuillet A , iii , immédiatement
après un sommaire général de ses Quatre Navigations. Elle finit et la deuxième commence au

(1) Cette carte précède immédiatement la carte hydrographique
dans l'exemplaire du Ptolémée de 1513 qui est à la bibliothèque
publique de Nancy.
(2) Voyez la note au bas des pages 90 et 91.

milieu du feuillet D. La troisième vient au verso
de l'avant-dernier feuillet du même cahier, après
avoir été annoncée par la dernière ligne du recto.
Enfin la quatrième navigation commence vers
le milieu du feuillet F, et finit au recto du
feuillet final par ces mots : *Americus Vespu-
tius in Lisboa.* Au-dessous, dans un carré noir,
est la marque de l'imprimerie consistant en une
croix à double croisillon, supportée par un globe.
On voit sous les bras inférieurs de la croix les
initiales S. D. *Sancti Deodati*; sur la partie supérieure du globe à gauche, G.L., probablement
Gualterus Lud, à droite, N. L. dont j'ignore la
signification, ainsi que celle d'une espèce de monogramme formé d'un M et d'un I, et placé au milieu
de la partie inférieure. Les quatre vers latins (1)
que j'ai déjà fait connaître et au-dessous desquels on lit , *Finitū iiii septēbris Anno supra sesquimillesimū vii* , sont imprimés ver-
ticalement et par deux de chaque côté de la
marque, et en dehors du carré noir d'où le contour du globe et la croix se détachent en blanc.
J'allais omettre que toutes les pages entières du
volume ont vingt-sept lignes.

J'ai décrit avec toute l'exactitude possible
l'exemplaire de la bibliothèque publique de
Nancy, mais il en est d'autres qui, bien que sortis dans la même année de la même imprimerie
avec identité de format et de caractères, appartiennent évidemment à une édition différente.

L'un d'eux qui fait partie de la bibliothèque

(1) Voyez supra, p. 65.

de M. Eyriès (1) présente çà et là des variantes de texte, et d'un bout à l'autre des différences dans la cote des feuillets. On y remarque l'absence de la phrase, que j'ai signalée comme inconciliable avec l'opinion qui reporterait l'établissement de l'imprimerie à St.-Diey à une époque antérieure de plus d'un an à la date de 1507, que porte l'Introduction à la Cosmographie. Enfin ce volume diffère de date mensuelle avec celui de la bibliothèque publique de Nancy, car il porte pour souscription *finitū VII Kl. Maij anno supra sesquimillesimum* VII tandis que sur l'autre on lit *finitum IIII septembris etc..* C'en est assez pour établir l'existence de deux éditions distinctes, imprimées à quatre mois d'intervalle, pour satisfaire l'avide empressement avec lequel les relations de voyages et de découvertes étaient accueillies au commencement du seizième siècle. A la première appartient l'exemplaire dont il vient d'être question, à la seconde, celui que j'ai sous les yeux (2).

Un troisième exemplaire portant, si je suis

(1) Je suis redevable à l'obligeance de M. Thomassy, ancien élève de l'école des Chartes, des détails qui concernent cet exemplaire.

(2) Autrement il faudrait supposer l'imprimerie naissante de *St.-Diey* assez bien fournie de caractères pour qu'après un premier tirage opéré le 25 avril, date qui correspond à celle indiquée par les mots *vii Kl. maii,* la composition entière ait pu être conservée jusqu'au mois de septembre, recevant les corrections avec lesquelles un second tirage l'a fait reparaître à cette époque. On pourrait croire que cette opinion est celle de M. Brunet, si les deux dates étaient rappelées dans l'article qui va lui être emprunté, et si les variantes remarquées par lui s'étendaient au-delà des deux premiers feuillets, les seuls dont ce bibliographe signale la réimpression.

bien informé, la même souscription que celui de
M. Eyriès est en la possession de M. Henry
Ternaux à qui la géographie est redevable
d'une importante publication de voyages , relations et mémoires originaux pour servir à l'histoire de la découverte de l'Amérique (1). C'est
celui que cite M. de Santarem dans ses Recherches sur Vespuce et je ne le connais pas autrement. On y lit un nom d'auteur qui ne se trouve
pas dans l'édition de septembre 1507 et ce nom,
Ylacomilus, est, suivant M. de Humbold, le
pseudonyme du géographe Fribourgeois Wald-
séemuller, auteur d'une carte marine allemande.

Un quatrième exemplaire terminé de même ,
a servi pour la description ci-après que M. Brunet voudra bien me permettre d'emprunter à
la quatrième édition du *Manuel du libraire*, entièrement revue par l'auteur et considérable-
ment augmentée (2). Notre savant bibliographe
l'a comparé avec celui de M. Eyriès : il est à
regretter qu'il n'ait pas eu à sa disposition un
des exemplaires qui portent la date du 4 septembre et dont les variantes dans le texte et la cote
différente des feuillets , me paraissent accuser
une seconde édition (3). Quel que fût son avis
à ce sujet je m'y rangerais avec empressement.

(1) Publ. pour la première fois en français, Paris 1837. 6 vol.
in 8.

(2) Les trois premières livraisons de cette édition viennent de
paraître. (Octobre 1842).

(3) Il est toutefois à observer que la souscription portant la
date de septembre 1507 est mentionnée dans les Nouvelles Recherches bibliographiques (V. Supra p. 75), sans doute d'après un
catalogue aux énonciations duquel M. Brunet aura préféré le

« *Cosmographiæ introdvctio, cvm qvibvsdam*
» *geometriæ ac astronomiæ principiis ad eam rem*
» *necessariis. Insuper quatuor Americi Vespucij*
» *nauigationes. Vniuersalis chosmographiæ des-*
» *criptio tam in solido ǧ plano, eis etiam inser—*
» *tis quę in Ptholomęo ignota a nuperis reperta*
» *sunt. Deodatæ,* 1507, in-4., fig. d'astronomie,
» ff. non chiffrés, à 27 lig. par page.

» Ce petit livre, fort rare, est composé de 54
» ff. non chiffrés ; il est divisé en deux parties, la
» première de 22 ff., y compris la planche repré-
» sentant une mappemonde, laquelle occupe 2 ff.
» réunis : la seconde de 32 ff. qui ont pour som-
» maire *Qvatvor Americi Vespvtii navigationes.*
» Le tout signé A—B et a—f. Au recto du dern. f.
» se trouvent la marque de l'imprimeur Gaultier
» Lud et la souscription ainsi disposée :

> » Finitū .vij. kl'. Maij
> » Anno   supra   sesqui
> » millesimum .vij.

» Vend. 6 liv. 15 sh. Hibbert ; 5 liv. 5 sh. et
» 5 liv. 19 sh. Heber ; 80 fr. le même, à Paris, et
» 50 fr. en 1842 (1).

» La Cosmographie , qui forme la première
» partie de ce vol., est l'ouvrage de l'imprimeur
» Waldsee-Müller, lequel, en grécisant son nom,
» l'a transformé en *Hylacomylus.* On doit à ce

résultat de son propre examen et qu'il a pu croire inexact.

(1) C'est celui qui a été acquis pour la bibliothèque publique
de Nancy. A ce prix, il faut ajouter les 5 pour cent payés en sus
à titre de frais de vente, comme il est d'usage à Paris depuis une
dixaine d'années.

» géographe la carte du Nouveau-M onde jointe
» l'édition de Ptolémée de 1522, carte où le nom
» d'*America* est inscrit : et c'est lui qui, le pre-
» mier, dans sa Cosmographie, a désigné le Nou-
» veau-Monde sous le nom d'*Americi terra vel*
» *America*. Mais ce qui donne particulièrement
» de l'importance au livre ici décrit, c'est qu'on
» y a joint les *Quatuor Americi Vespucii Navi-*
» *gationes*, réunies pour la première fois. Les
» deux premiers ff. de ce volume précieux ont
» certainement été impr. deux fois, car ils ne sont
» pas semblables dans tous les exemplaires. Entre
» autres différences qu'on y peut remarquer, nous
» en signalerons deux fort notables. 1° Au verso
» du premier feuillet la dédicace à Maximilien
» commence ordinairement ainsi *Divo Maximi-*
» *liano Cæsari semper Augusto Gymnasium*
» *Vosagense,* tandis que dans l'exemplaire que
» possède le savant géographe M. Eyriès, au lieu
» des mots *Gymnasium Vosagense* il y a *Philesius*
» *Vosgesigena* (autrement Mathias Ringmann).
» 2° Dans le même exemplaire de M. Eyriès, on
» lit au recto du deuxième feuillet. *Divo Maxi-*
» *miliano Cæsari Augusto Martinus iliacomilus*
» *fœlicitatem optat.* Ce qui donne le nom de
» l'éditeur (vulgairement nommé Waldsee-
» Müller) , chose qu'on ne trouve pas dans les
» exemplaires ordinaires où ce même feuillet
» commence différemment. »

Il convient de résumer ici ce chapitre où la
discussion a dû occuper plus de place que les
détails bibliographiques et dont l'étendue déjà

longue, entrecoupée de digressions fréquentes, vient encore de s'accroître de deux appendices. Tout cela, je me hâte de le dire avant le lecteur, est à refondre dans une seconde édition, si jamais mon livre en obtient les honneurs. Mais en attendant, et l'attente sera longue, car les 47 exemplaires auxquels est réduit le tirage de cette première édition suffiront pour bien des années à la consommation des bibliophiles Lorrains, répétons en bref.

Que le duché de Lorraine et la ville épiscopale de Toul n'ont rien produit en typographie pendant le XVe siècle;

Qu'au XVIe seulement, l'invention de Guttemberg, c'est-à-dire, l'imprimerie en caractères mobiles, y a été introduite, d'abord à St.-Nicolas-du-Port, puis à St.-Diey;

Que, dans la première de ces deux villes de la Lorraine Ducale, elle a mis au jour par l'industrie de Pierre Jacobi, prêtre et habitant du lieu, les Heures de 1503 et le *Liber Nanceidos* daté de 1518 (1) (vieux style); mais qu'après ces

(1) J'ai fait connaître un curieux bilboquet de l'imprimerie de Jacobi; en voici un second, bien autrement intéressant, car il l'est à la fois sous le rapport de la bibliographie et sous celui de la numismatique lorraine. On le trouve mentionné en ces termes dans l'Inventaire du Trésor des Chartes de Lorraine, layette Nancy, 3, n° 80 : « Un paquet de 11 pièces concernant les monnoies de Nancy. La première est en lettres gothiques avec les » empreintes des espèces d'or et d'argent, *imprimée à St.-Nicolas.* » En marge, on lit 22 janvier 1411, date dont on peut conclure que le rédacteur était plus expert en paléographie qu'en bibliographie, et à laquelle il faut substituer 1511 pour lui donner un sens. Il est à regretter que cette pièce manque comme la plupar des pièces historiques et héraldiques que renfermait autrefois le Trésor des Chartes. J'en ai acquis a triste certitude, et je devais

belles et importantes publications, l'établissement typographique de Jacobi, tombé en d'autres mains, a péri sans laisser d'autres traces de
son existence que le *Sermon de charité*, 1525 et
le Livre de Jésus, 1528. Chétifs opuscules, dont
le second n'a pas même une feuille d'impression !

Que l'imprimerie de Pierre Jacobi n'a jamais
été établie à Toul, mais que, trois fois dans seize
ans, des presses empruntées momentanément à
son matériel ont été transportées en cette ville,
où Jacobi est allé imprimer en 1505 le traité *de
Perspectiva artificiali*, puis réimprimer le même
livre en 1509 et 1521.

Qu'à St.-Diey un établissement typographique que venait de fonder et que dirigeait un chanoine du chapitre, Gaultier Lud, a publié deux
fois en 1507 une introduction à la cosmographie
suivie de la traduction latine des Quatre Navigations d'Améric Vespuce, puis en 1509 un autre
livre intitulé : *Philesii Vosgesigenæ grammatica
figurata*. Ce sont les seuls produits, connus avec
certitude, de cette imprimerie dont l'existence
ne paraît pas avoir duré bien au delà de 1509 ;
car en 1513 Jean Schott avait repris et exécu-

m'y attendre, en voyant en regard de la mention ci-dessus, la
lettre D. indication d'un déficit déjà constaté lors du recolement
de l'inventaire. Rogéville a inséré dans son Dictionnaire des
ordonnances de Lorraine, tome 2, p. 1 et suiv., un règle-
ment pour le cours des monnaies, rendu par le duc Antoine,
et daté du 20 décembre 1511. Ne serait-ce pas, avec erreur de
part ou d'autre, la pièce mentionnée en l'inventaire du Trésor
des Chartes. Plusieurs raisons qu'il est inutile d'exposer ici,
rendent cette identité fort présumable.

tait à Strasbourg l'entreprise du Ptolémée que
les presses de St.-Diey étaient originairement
chargées de mettre au jour.

Qu'enfin la ville de Nancy où Chévrier, repété
par deux autres historiens de Lorraine, avance
que la typographie fut introduite en 1478, Nancy
ne doit pas même être comptée parmi les villes
où l'on a imprimé dans la première moitié du
XVe siècle. Si son nom figure sur le titre de
la *Chronique d'Austrasie*, publiée en 1510, ce
n'est que comme indication d'un lieu où ce livre
se vendait, en concurrence avec Lyon où il a été
imprimé.

Ajoutons cependant que le Manuel du libraire
(4e édition) cite un autre ouvrage de Sympho-
rien Champier sur lequel est encore inscrit le
nom de notre ville Ducale. C'est *Rosa Gallica
aggregatoris Lugdunensis, domini Symphoriani
Champerii, omnibus sanitatem affectantibus
utilis et necessaria.... Nanceii*, 1512 in-8. Le
mot *Nanceii* précédé de plusieurs points qui
indiquent une lacune dans la transcription du
titre, copié vraisemblablement d'après un catalogue de vente, sans que l'auteur du Manuel
du libraire en ait pu vérifier l'exactitude, ce
mot, dis-je, soulève, à l'égard du lieu d'impression, la même question que le *Apud Nanceium*
de la Chronique d'Austrasie, mais il est à croire
que l'examen du volume amènerait une solution
tout à fait semblable.

Je n'ai pas fait mention de Verdun, parce
que, dans l'intervalle qu'embrassent le chapitre

1er et ses appendices, il n'a rien été imprimé en cette ville. Pareil motif de silence, à l'égard de Saint-Mihiel et de Bar, devancées toutes deux dans la carrière typographique, par une autre localité moins importante du Barrois, le bourg de Longeville. Il en sera question ultérieurement, car à compter du règne de René d'Anjou, le duché de Bar et le duché de Lorraine, pays contigus, ont été réunis sous le même sceptre, et soumis aux mêmes vicissitudes. L'histoire littéraire, dont la bibliographie est une des branches, ne doit pas plus les séparer que l'histoire politique.

CHAPITRE DEUXIÈME.

—

—

Décadence rapide et chute entière de l'Imprimerie dans le duché de Lorraine. — Quelles en sont les causes présumables ?
— Longue durée de cet état de choses.

J'ai parcouru la première période de la typographie Lorraine, celle de son établissement et
des travaux qui la glorifient ; j'ai même anticipé
sur la seconde, car *le Livre de Jésus* appartient
au temps de sa décadence par la date qu'il porte
et la mesquinerie de l'exécution. C'est en 1521,
sur la 3e édition du livre de Jean Pélegrin, qu'a
paru pour la dernière fois le nom du prêtre imprimeur de St.-Nicolas-du-Port, ce nom révélé
avec distinction par les heures de 1503, et plus
tard illustré par la Nancéide. Dix-huit années
ont vu le commencement et la fin de la carrière
typographique de Pierre Jacobi. Quant à celle de
Gaultier Lud, son digne émule, les explora-
tions de la bibliographie n'ont pu en découvrir
aucune trace postérieure à 1509. Arrêtons donc
à 1521, le terme de cette première époque. Il
n'y a plus au delà que cette imprimerie de St-Nicolas, tantôt anonyme et tantôt désignée du nom
inconnu de Jérôme Jacob, d'où sont sortis en
1525 *le Sermon de charité*, et en 1528, les quatre
feuillets du *Livre de Jésus*; et certes il faut bien
ces maigres produits de la presse Lorraine, lan-
guissante et comme épuisée par ses premiers ef-

forts pour que notre seconde période de typographie ne se montre pas tout-à-fait stérile.

En effet, après 1528 , un demi-siècle s'écoule
et, chose étrange! un demi-siècle de civilisation
sans que l'imprimerie donne, en Lorraine, aucun
signe d'existence ; et cependant il s'en faut bien
qu'ailleurs l'impulsion qu'elle a reçue soit ra-
lentie. Les nombreux successeurs de Mentel ,
et d'Eggestein, ceux de Michel Ventzler et de
Jean d'Amerbach soutiennent avec honneur la
célébrité typographique de Strasbourg et de
Basle, ces deux cités voisines du duché de Lorraine. Les presses Messines poursuivent leurs
travaux , obscurément il est vrai , lentement,
mais sans notable interruption. Plus loin de notre contrée, en France comme en Allemagne, en
Espagne comme en Italie, l'art de Guttemberg,
multiplié dans ses ateliers, perfectionné dans ses
procédés, accéléré dans ses mouvements, répand
partout les livres imprimés avec une profusion
dont on s'étonne encore aujourd'hui. Les fils
d'Alde à Venise; à Florence, ceux de Ph. Giunta;
à Lyon , les Trechsel, les Gryphes et les Jean
de Tournes ; Plantin à Anvers , et dans la
capitale de la France, les Jean Petit, les Simon
de Colines et trois des Estienne , paraissent
ensemble ou successivement dans l'arène, où
de brillants succès et, pour quelques-uns d'entre
eux , l'immortalité de la gloire viennent cou-
ronner les efforts du génie industriel , éclairé et
anobli par la science. Je ne cite que quelques
villes et quelques imprimeurs de cette époque

entre plusieurs centaines dont les noms se pressent sous ma plume, et réclament à différents titres une mention que je refuse à regret.

Certes on peut dire que si le quinzième siècle a vu naître et se propager l'art typographique, le seizième l'a vu fleurir. Ses travaux embrassent alors l'universalité des connaissances humaines, et il n'est pas de science à laquelle il ne paye un tribut destiné à en agrandir les limites. Les éditions des auteurs classiques grecs et latins se succèdent avec rapidité. Les poëtes contemporains se produisent au grand jour, et les opuscules épars de leurs devanciers sont rassemblés en œuvres complètes. On réimprime pour la troisième ou quatrième fois les vieilles chroniques exhumées au siècle précédent de la poussière des bibliothèqnes conventuelles et, grâce à l'industrie bibliopole, sans cesse occupée de pourvoir à toutes les fautaisies comme à tous les besoins de l'intelligence, la possession d'un roman de chevalerie, devenue moins coûteuse et plus facile, a cessé d'être l'apanage à peu près exclusif du manoir féodal.

Et ce n'est pas dans ces inoffensives publications que l'imprimerie borne la sphère de son activité. La voix de la Réformation s'est fait entendre, et presque aussitôt la presse est devenue l'un des instruments du prosélytisme religieux; auxiliaire à la fois et des réformateurs et de leurs antagonistes, chaque jour elle verse dans le public ému leurs livres dogmatiques et leurs pamphlets, et partout où la prédication ne peut se faire entendre, c'est la presse qui est l'organe de cette polémique passionnée, par laquelle les partis religieux du seizième siècle préludèrent aux combats de la guerre étrangère, aux massacres de la guerre civile.

Au milieu de tout ce fracas, la presse Lorraine reste muette et son silence est celui de la mort. En est-il une autre explication lorsqu'on voit publier à Paris, à Metz, à Strasbourg des livres qui auraient dû être imprimés en Lorraine, si en Lorraine il y avait eu encore une imprimerie. Volcyr de Sérouville qui naguères faisait paraître à St.-Nicolas-du-Port le *Sermon de charité.* Volcyr, secrétaire et historien du duc Antoine, c'est ainsi qu'il se qualifie, venait de composer une relation de la guerre des Rustauds, dont il avait été témoin oculaire. C'était vers la fin de 1526, dix-huit mois après la sanglante et mémorable victoire qui avait pour jamais éloigné du duché de Lorraine le fléau d'une guerre de destruction, non moins menaçante pour l'ordre social et politique, tel qu'il existait alors, que pour la Religion catholique et ses ministres. La valeur personnelle du duc et des princes de sa famille avait concouru au succès, et comme de coutume l'adulation historique le leur attribuait exclusivement. Que de motifs pour que cette relation fût mise au jour dans le pays même où elle avait été écrite, sous les yeux de ceux dont elle célébrait les exploits ! Eh bien ! il n'en est pas ainsi. C'est à Paris que Volcyr va faire imprimer *l'Histoire et recueil de la triumphante et glorieuse victoire obtenue contre les seduictz et abusez Luthériens, mes-créans du pays Daulsays (1) et autres, par An-thoine duc de Calabre, de Lorraine et de Bar, et ce en deffendant la foy Catholicque, nostre mère l'église et vraye noblesse (2).*

(1) D'Alsace.

(2) Un vol. petit in fol. goth. sans lieu ni date, composé de 10 euillets liminaires, titre compris, 98 feuillets de texte dont les marges latérales sont occupées par l'analyse et en quelques endroits, par la traduction latine du récit historique. Le titre est décoré d'une gravure en bois représentant la foi sous la forme d'une femme, dont la tête est couverte d'une espèce de casque et qui tient de la main droite plusieurs clefs. Elle foule aux pieds un dragon, et au-dessus d'elle flotte une banderole sur laquelle on lit : *Fid. vivit homo justus....* Une seconde gravure imprimée sur le deuxième feuillet, montre l'auteur assis écrivant sur un pupitre. Plus loin dans le volume, fol 9 verso, fol. 33, 74 et 76 au recto se rencontrent quatre autres gravures en bois, dont la première a pour sujet le duc Antoine à cheval, marchant au combat, l'épée haute, et la seconde, la bataille livrée aux Rustauds sous les murs de Saverne. Celle-ci et la suivante représentant J.-C. à genoux au milieu des instruments de sa passion et accompagné de deux anges, sont marquées du chiffre d'un graveur dont le nom est resté inconnu, ou tout au moins incertain. C'est un G renfermant dans son contour un S et surmonté d'une croix de Lorraine qui semble indiquer la patrie de l'artiste. Il est à remarquer que la figure satyrique imprimée au titre du *Blazon des Hérétiques,* opuscule attribué à P. Gringore, dit Vaudémont, héraut d'armes du duc René II, et imprimé à peu près vers le même temps, porte aussi ce monogramme. On sait que Gringore était Lorrain.

Ce livre fort bien imprimé, est, comme je l'ai dit, sans date et sans indication d'aucun lieu d'impression ni de vente, mais deux des pièces liminaires, savoir une épître latine à Guillaume Budée, datée de novembre 1526 et le permis d'imprimer, avec privilége pour trois ans, donné le 12 janvier 1526 (vieux style) par Jean de la Barre, comte d'Estampes et garde de la prévôté de Paris, suppléent à l'absence de ces indications. On peut, je crois, en conclure qu'il a vu le jour à Paris, au commencement de 1527, qu'il est sorti des presses de Galliot du Pré qui alors était imprimeur en même temps que libraire ; *nunc sequentes libellos tradidi Galeotho Pratensi bibliopolæ palatino pariter et impressori ele-gantissimo arte excussoria mende formandos ;* et que Volcyr a

Dans les années suivantes le même écrivain publie deux autres ouvrages qu'il a également composés en Lorraine et qui, surtout le premier, appartiennent par leur sujet à l'histoire de ce pays. C'est encore hors de sa patrie qu'il les fait imprimer, les voici :

1° *Cronicque abrégée par petis vers huytains des Empereurs, Roys et Ducz d'Austrasie : avecques le quinternier et singularitez du Parc d'honneur... Ils se vendent en la rue sainct Jacques, chez Didier Maheu* (1) *à l'enseigne sainct Nicolas.* On lit à la fin. *Cy fine la cronicque... nouvellement imprimée à Paris par Nicolas Couteau.* Petit in 4° Goth, sans date, mais avec permis d'imprimer donné le 6 mars 1530 (2).

fait les frais de l'impression, *ne trouvant* dit-il, dans sa requête *aucun libraire qui veuille entreprendre de le faire, pour les grand's frais qui y sont, tant aux pourtraicts et tailles des histoires que impression d'iceluy.*

(1) Une des nombreuses épîtres du *Petit Recueil du Polygraphe,* autre ouvrage de Volcyr (V. p. 110 note 1) est écrite du logis de ce même Didier Maheu. *Parisiis in via Jacobea apud Desiderium Mat.* (abréviation de Mathæus comme Maheu en est la traduction romane.) *Calcographum Lotharingium.* Calcographus ou, plus correctement, *chalcographus* signifie communément graveur sur cuivre, mais ici il faut l'entendre par Imprimeur, qualification qui plus avant, dans le même livre, est donnée à Didier Maheu.

(2) 4 feuillets liminaires, titre compris, et 56 feuillets de texte chiffrés. La chronique occupe les 25 premiers, le Quinternier commence au 26° et finit avec le 39°. Le traité des Singularités du Parc d'honneur, c'est la Lorraine que l'auteur appelle ainsi, s'étend sur le surplus du volume. Cette troisième partie, bien autrement intéressante que les deux autres, traite des productions naturelles et industrielles du pays. J'ai publié une notice sur ce livre à la suite de mes *Recherches sur l'industrie verrière dans l'ancienne Lorraine.* Nancy, imp. de Hinzelin, 1841. Broch. in-8.

2º *Traicté nouveau de la desécration et exécution actuelle de Jehan Castellan héréticque,
faicte à Vyc en Austrasie le XII iour de Jāvier
(1524)... et fut achevé d'imprimer ledict livre
le XV iour D'aoust mil cinq cens XXXIIII*, pet.
in 4º de 51 feuillets, Goth. Le lieu d'impression
n'est point indiqué : c'est Metz, selon Duverdier (1).

(1) V. Brunet, Nouv. Rech. bibliogr. au mot Volkir. D.
Calmet, Biblioth. Lorr. au mot Volcyr, cite la même édition et
une réimpression de même format faite en 1539, mais il n'indique
pas le lieu où celle ci a paru.

Outre ces ouvrages et la relation de la guerre des Rustauds, on
a de Volcyr un vol. petit in-4º de 44 feuillets non chiffrés, sign.
A—L ii, intitulé *Collectaneorum poligraphi libellus Le petit
recueil du poligraphe instructif et moral faict en latin et en
frāçois*.. Une gravure en bois, imprimée avec le titre, accompa-
gnée d'une légende et repétée au fol. F., représente l'auteur offrant
son livre au jeune marquis de Pont-à-Mousson, François de Lorraine, fils aîné du duc Antoine et son successeur en 1544, sous le
nom de François 1ᵉʳ. La table de ce volume n'indique pas tout
ce qu'il contient et il n'y a pas grand mal à cela. Pour pouvoir lire
l'espistre déprécative de l'auteur à François Dauphin de Vienne, et
ses lettres latines à Jean Robertet, son Mecène, à l'historien Paul
Emile et à maître Guillaume du Chesne, il faudrait avoir
tenu bon contre l'ennui qui fait tomber le livre des mains
dès les premières lignes de *l'epître hortative*, de la *préface démons-
trative*, de la *préface ammonitive*, de la *préface introductive*, enfin
de *l'épistole* ou *prologue* que cette table annonce. Il faut enjam-
ber tout ce fatras d'érudition sacrée et profane pour arriver à un
sermon prononcé le jour des Cendres 5 mars 1522, à Bruxelles, en
présence de Charles Quint et de toute sa Cour par Jean Clapion,
de l'ordre des frères mineurs, et recueilli par Volcyr à la demande
du duc Antoine. Ce morceau d'éloquence, non moins remarquable pour la forme que pour le fond, a sur la plupart des sermons
d'Olivier Maillard, et sur tous ceux de Menot, tels que nous les
possédons, l'avantage d'être entièrement en français. On doit
savoir gré à notre auteur d'avoir conservé ce curieux monument
de la langue française et lui pardonner, en faveur de ce service
rendu aux lettres, tout ce qu'il y a d'indigeste dans la partie du
Recueil du polygraphe qui lui est propre.

Une *lettre missive* au duc Antoine d où l'on peut, je crois, induire

Don Calmet fait connaître trois autres ouvrages de Volcyr publiés à Paris de 1530 à 1540. Je ne les mentionne ici que pour mémoire, et il en sera de même de tous autres écrits d'auteurs lorrains imprimés au dehors vers le même temps, mais étrangers comme ceux-ci à l'histoire de notre pays. Leurs intitulés, qui surchargeraient inutilement cette discussion, se trouvent reproduits plus ou moins exactement dans la Bibliothèque Lorraine.

Cependant comme tous ces livres sont l'œuvre du même écrivain, qui déjà en 1523, quand il y avait encore des presses à St.-Nicolas-du-Port, faisait imprimer à Paris son *Petit Recueil du Polygraphe*, et qui probablement y avait conservé d'utiles relations, on ne peut pas induire du seul fait de leur impression hors de la Lorraine, en 1527, 1530 et 1534, qu'alors l'imprimerie avait cessé d'exister dans ce pays : d'où la nécessité de recourir à des typographes étrangers. La date de 1528 que porte *le livre de Jésus*

avec certitude que Didier Maheu, *imprimeur li'raire Lourgeoys demourant à Paris*, a imprimé. le Petit Recueil du Polygrahe à la publication duquel il faut assigner la date de 1523, et une *élégie déprécative* à la vierge Marie, composée en latin, puis paraphrasée en vers francais, sont tout ce que le surplus du volume offre de remarquable. Il serait trop long d'énumerer au lecteur tout ce que Volcyr demande à la *Vierge pl isante en 'hasteté,* dans cette pièce de vers, curieux échantillon de son talent poétique, en même temps que de la poésie ascétique de nos bons aïeux. Je m'en tiendrai à ces deux vers de l'élégie latine :

> *Virgo pudica, abeat quævis de co_ipore labes*
> *Viscera nec ledat Parthenopea lues!*

me gardant d'en reproduire la traduction francaise, où les deux derniers mots ne sont rien moins que paraphrasés.

témoignerait du contraire , au moins pour
celte année-là; et dans les années subséquentes,
comme dans celles qui l'ont précédée, de graves
motifs que je ferai connaître ultérieurement devaient déterminer en faveur de Paris, de préférence à la Lorraine, le choix d'un auteur ou
éditeur lorrain qui avait à faire imprimer un
livre écrit en français . Il me faut donc, je le
comprends , chercher d'autres exemples, et ils
ne me feront pas faute.

Je rencontre le premier à la date de 1543. De
là à 1528, il faut déjà remonter une période de
15 ans qui ne présente aucune trace de travaux
typographiques exécutés en Lorraine, tant chétifs ils soient. En 1543, dis-je, Emond du Boullay (1) faisait imprimer à Strasbourg un ouvrage

(1) Emond du Boullay était en 1541, Régent de la grande
école de Metz. C'est le titre qu'il prend, avec celui de sujet du
duc de Lorraine, dans la dédicace au duc Antoine d'un poëme
intitulé : *l'Illustration de la grâce de Dieu*, et resté selon toutes
les apparences inédit. J'en ai eu un manuscrit que je crois autographe. L'année suivante, du Boullay dédia au même prince
deux autres pièces de vers assez étendues, que je possède réunies
en un MS. in-4 sur vélin, copié de la main de l'auteur, supposé
que ce ne soit pas l'original même dont il a fait hommage au duc.
Toutes deux sont inédites ; la première est intitulée : *le Blazon de
l'Escu de Lorraine*, et la seconde, *Le grand mercy d'Emond du
Boullay*. Cette dernière, à la fin de laquelle on lit sur une banderole la date de 1542, commence par ces vers.

» Le grand mercy tant que seray vivant
» Puys que retins m'avez pour poursuivant,
» Prince Royal, ma muse sonnera
» Et si très hault l'honneur résonnera
» Du noble sang de la maison Lorraine.

C'est donc en 1542 que du Boullay fut appelé au service du
duc de Lorraine comme poursuivant-d'armes , office subordonné
à celui de héraut-d'armes , dont notre auteur ne tarda guères

de circonstance, intitulé : *Les dialogves des troys estatz de Lorraine Sus la tresioieuse Natiuité de treshault et tresillustre Prince Charles de Lorraine. filz aisné de treshault et trespuissant Prince Francoys.. Duc de Bar, etc. Et de Tres haulte et tresillustre Princesse ma dame Chrestienne de Danemarc, son espouse, auec la Généalogie de tous les Roys et Ducz qui ont regné en Austrasie dicte Lorraine, depuis Adam iusques audict Prince Charles nouuellement nay, ensemble vng Chant Royal, troys cantiques et vne péroration ; le tout composé... par M. Emond du Boullay dict Clermont, poursuiuant de treshault .... Prince, Anthoine Duc de Calabre, de Lorraine, etc,.. 1543 (1).*

à être investi. En 1547 il était premier héraut et roi-d'armes. Je m'arrête sur ces particularités de la vie d'Emond du Boullay, et j'indique ces deux manuscrits, par ce que D. Calmet qui a consacré à cet écrivain et à ses ouvrages un assez long article, dans la Bibliothèque Lorraine, paraît avoir ignoré l'un et n'avoir connu l'autre que très-imparfaitement.

(1) Un vol. petit in-fol fig. en bois La majeure partie est impr. à 3 col. dont deux en italique; et la 3ᵉ celle du milieu en caractères romains. 3o feuillets non chiffrés titre compris, sign. A ii — G iii. Le titre est dans un encadrement de figures en bois. Au revers, *le bras armé* protégeant l'Écu de Lorraine, gravure à pleine page. A la fin de la généalogie une 3ᵉ gravure en 2 compartiments, dont l'un représente Adam et Eve chassés du paradis terrestre et le second une bataille. A la fin de ce volume, dont l'impression est remarquable, on lit. *Imprimé en la cité Impérialle de Strasbourg par Georges Messer Schmid le mardy huictiesme iour de May dudict an mil cinq cens quarante troys.*

D. Calmet cite un ouvrage qui pourrait bien être un supplément de celui-ci. *Péroraison ou supplément où sont contenues plusieurs lignes collatérales des Rois d'Austrasie et ducs de Lorraine,* imprimé à Paris en 1550, dit-il sans indiquer le format.

Le titre indique suffisamment que l'auteur, qui était, dit D. Calmet, « très-affectionné pour » les princes ses maîtres, et très-zélé pour leur » gloire,» n'y épargne pas les louanges à la maison de Lorraine.

Quelques années plus tard, paraissent encore plusieurs ouvrages du même du Boullay, écrivain dont la multiple fécondité, attestée par la Bibliothèque Lorraine, s'explique assez bien par ce que valent ses vers comme poésie, et ses écrits historiques comme histoire. Les voici indiqués dans l'ordre des dates et avec les lieux d'impression. Comme je ne les ai pas tous sous la main et qu'ils sont d'une rencontre peu fréquente, il faudra trouver bon que je rejette sur M. Teissier et sur D. Calmet, lorsqu'elles leur sont empruntées, la responsabilité de mes citations et des notes qui les complètent pour les détails bibliographiques.

1547 à Metz.

La vie et trespas des deux Princes de Paix, le bon duc Anthoine et saige Duc Francoys premiers de leurs noms, Ducz de Lorraine (1)....

Les Généalogies des tres illustres et tres puis-

---

(1) Ensemble les Royalles et très-excellentes cérémonies observées et accomplies à leurs funérailles et enterrement. Avec le discours des alliances et traictez de mariage en la maison de Lorraine, et une lamentable déploration sur leurs trespas, le tout recueily et... escrit... par Maistre Emond du Boullay.., Roy d'armes...de... Charles tiers de ce nom... duc de Lorraine... 1547. (A la fin) Imprimé en la cité impériale de Metz., l'an.. mil cinq cents quarante-sept, par Jehan Pallier, imprimeur de ladicte cité... 1 vol. de 158 feuillets, petit in-4°, non chiffrés, titre compris. Sign. A. 2 — qq. 4, fig. héraldiques gravées en bois.

sans Princes, les Ducs de Lorraine, Marchis.. (1).
A Paris.

(1) Avec le discours des alliances et traictez de mariage accomplis en icelle maison de Lorraine jusques au duc Francoys dernier décédé, par Emond du Boullay premier hérant et roy d'armes de Charles III de ce nom, duc de Lorraine. A Metz, chez Jean Pallier 1547, in-4°.

J'emprunte à M. Teissier, qui paraît l'avoir lui-même emprunté à la Bibliothèque des historiens de France, par André Duchesne, cet intitulé d'un livre que je n'ai jamais rencontré; mais c'est avec la certitude presque entière que ce volume est identiquement le même que le précédent. Duchesne en indique le contenu qui est tout-à-fait celui de *La vie et trespas des deux princes de paix*, et il ajoute: «On a depuis réimprimé ce livre à Paris en l'an » 1549, in-8°, mais abrégé et retranché de tous les précédents » traictez excepté le dernier » c'est-à-dire *Les seize lignes du saige duc Francoys.*

J'ai cette réimpression sous les yeux. C'est un petit in-8° de 72 feuillets non chiffrés, titre compris, sign. A. ij — i. iiij. L'intitulé que rapportent André Duchesne et M. Teissier y est exactement reproduit; on y trouve l'épitre dédicatoire à Charles III, qui dans le volume imprimé à Metz par Jean Pallier en 1547 précède la vie et trespas des deux princes de paix; l'écu de Lorraine, gravé en bois et suivi d'une épigramme sur la devise *Fecit potentiam in brachio suo*, y figure également au revers du titre. Puis vient le texte des Généalogies dont le commencement offre la même phrase que celui de La vie et trespas; mais où plus loin on rencontre çà et là de notables différences, je dirai même des améliorations résultant non moins de ce qu'on en a retranché, comme par exemple la descendance des ducs de Lorraine de Francus, fils d'Hector, que des additions qu'il a reçu. Enfin dans le volume imprimé à Metz, ce texte est suivi de cinq traités comme les appelle André Duchesne, lesquels n'ont pas été compris dans la réimpression des Généalogies; mais l'un et l'autre livre contiennent, vers la fin, *les seize lignes du saige Duc Francois* et sont terminés par l'épitaphe de Philippe de Gueldres et une épigramme de du Boullay sur sa propre devise, *virescit vulnere virtus*. Seulement la souscription est précédée, dans le premier, d'une *épitre éliminaire de l'auteur* où il signale quelques errata.

En résumé il y a, suivant moi, lieu de croire que du Boullay, après avoir fait imprimer à Metz par Jean Palier, en 1547, le, volume intitulé: *La vie et trespas des deux princes de paix*, a sur un certain nombre d'exemplaires substitué à ce titre celui de *Généalogies des ducs de Lorraine...* sous lequel le même ouvrage a

Le combat (1) de la chair et de l'esprit, (en rime).

Le voyage du duc Anthoine vers le Roy François 1ᵉʳ en 1543 (2).

La seconde édition des Généalogies des ducs de Lorraine (5),1550 à Paris.

Le très-excellent enterrement du trèshault et trèsillustre Prince Claude de Lorraine, Duc de Guise et d'Aumale, pair de France.... (4).

Le catholique enterrement de feu Monsieur le Révérendissime et Illustrissime Cardinal de Lorraine (5).

été réimprimé à Paris en 1549, mais refondu et avec des suppressions qui portent notamment sur les parties rimées de la première édition et sur la relation des funérailles des ducs Antoine et François.

(1) Paris Corrozet 1549, in-8°, opuscule de 72 feuillets que sa rareté a fait vendre 57 francs en 1775, et 54 francs en 1819 et qu'aujourd'hui la bibliomanie porterait problablement à un prix plus élevé.

(2) Paris 1549 in-4° (Bibl. Lorr.)

(3) Sous ce titre: Les généalogies des très-illustres très-puissants princes les ducs de Lorraine, Marchis, avec le discours des alliances et traictez de mariages en icelle maison de Lorraine jusques au Duc Francoys, dernier décédé, dédié à Charles, tiers de ce nom duc de Lorraine Marchis, par Emond du Boullay son premier béraut et roy d'armes. A Paris pour Vincent Sertenas, libraire... 1549, petit in-8° (Voir note 1. de la page précédente).

(4)—Auquel sont déclarées toutes les cérémonies de la chambre d'honneur, du transport du corps, de l'assiette de l'Eglise, de l'ordre de l'offrande et grand deuil, avec les blasons de toutes les pièces d'honneur et bannières armoriées des lignes et alliances. Faict par Emond du Boullay roi d'armes de Lorraine..., à Paris au palais, en la boutique de Gilles Corrozet, petit in-8° 1550, 112 feuillets, titre compris, lesquels ne sont chiffrés qu'à partir du 7e. sign. A ii — P iij

Cet ouvrage, où les blasons sont coloriés dans quelques exemplaires, a été réimprimé à Paris, Adrian Taupinard, 1620, in-8°.

(5) Légat es pays de Lorraine et conseiller ordinaire au privé

Je m'arrête à cette date de 1550, les recherches que j'ai faites pour découvrir des ouvrages de du Boullay imprimés postérieurement étant restées infructueuses (1).

conseil des très-chrestiens Roys de France François et Henry de Valloys premier et second de leurs noms, archevesque de Narbonne, Evesque d'Alby et de Metz, abbé de Cluny, de Fescan, de Marmoutier, de Sainct-Ouen et de Gorze, etc., qui trespassa à Nogent-sur-Yonne le dixhuictiesme de may mil cinq cent cinquante. Faict par Emond du Boullay Roy d'armes de Lorraine. A Paris par Jehan d'Allier... et par Lazare Grenet, 1550. 16 feuillets, petit in-8° non chiffrés, titre compris, sign. A ii — Dij Claude de Lorraine premier duc de Guise et Jean, cardinal de Lorraine, dont on vient de lire les titres bien moins nombreux au reste que ceux du second cardinal de Lorraine, Charles de Guise son neveu, celui-là qui, assistant au concile de Trente, y parla si éloquemment contre le cumul des dignités ecclésiastiques, Claude et Jean de Lorraine étaient tous deux, comme le duc Antoine, fils de René II et de Philippe de Gueldres. Morts dans la même année 1550, à cinq semaines d'intervalle, ils furent inhumés, le premier à Joinville et le second à Nancy, dans l'église des Cordeliers. Emond du Boullay, qui avait rempli aux obsèques de l'un et de l'autre son office de Roi-d'armes de Lorraine, en décrit le cérémonial dans les deux volumes précités qui en sont en quelque sorte la narration officielle.

(1) La Bibliothèque Historique de la France cite, avec la date de 1649, un ouvrage dont le titre est exactement celui d'un des écrits dont se compose le volume intitulé, La vie et trespas des deux princes de paix, et qui n'ont pas reparu dans l'édition de Paris 1549 : c'est Le voyage de monseigneur le bon duc Antoine duc de Lorraine... au mois de Novembre 1543, vers l'empereur Charles d'Austriche cinquième de ce nom, estant alors à Valencienne pour traicter de la paix entre sa majesté et celle du roy Françoys de Valloys, premier de ce nom, roy de France..recueilli et composé en rhythme françois... par Emond du Boulay... On y voit au n° 38847 ce titre reproduit, à l'orthographe près, et sans le nom de l'auteur, dernière particularité qui me fait croire qu'on ne l'a pas copié *de visu*, mais d'après quelque catalogue, où à la date de 1549 on aura, par une négligence trop ordinaire à la bibliographie *cataloguiste*, substitué celle de 1649. Ce serait, dans cette hypothèse, la réimpression faite à part et en même temps que celle des Généalogies des ducs de Lorraine, d'un opuscule intéressant qui, par son style et par sa composition en vers, n'était pas susceptible d'être refondu dans la nouvelle édition du livre dont il faisait originairement partie.

Voilà donc deux écrivains Lorrains, attachés l'un et l'autre au service de nos Ducs, Volcyr comme secrétaire et historiographe, du Boullay comme premier héraut et roi-d'armes qui, dans l'intervalle écoulé de 1526 à 1550, font imprimer hors du duché, plus ou moins loin de leur résidence, à Metz, à Strasbourg, à Paris, des livres composés par eux pour l'illustration de leur patrie (1), pour la gloire de leur souverain à qui ces ouvrages sont dédiés.. Et qu'on ne dise pas que comme Gringore, dit Vaudémont, l'un de ses devanciers, sorti du pays vers 1510 pour aller se fixer à Paris, du Boullay n'avait conservé que le titre de héraut d'armes de la maison de Lorraine ; car en 1550, on lui en voit remplir les fonctions aux funérailles de deux princes de cette maison dont le dernier a reçu la sépulture dans la chapelle ducale de Nancy (2). Et s'il est vrai, ainsi que nous l'apprend le titre d'un manuscrit cité dans la Bibliothèque historique du P. Lelong, qu'Emond du Boullay quitta le service du duc de Lorraine pour devenir héraut-d'armes du roi de France, on peut dire avec certitude que c'est postérieurement à 1550, après la publication des ouvrages qui viennent d'être mentionnés.

Ces deux hommes de lettres ne sont pas les seuls de leur pays et de leur temps que nous voyions recourir à la typographie étrangère. Un jurisconsulte qui eut dans son siècle une certaine

______

(1) Au moins adoptive s'il est vrai, comme je l'ai lu quelque part, que du Boullay était originaire de Reims.
(2) V. P. 114. note (5).

célébrité et qui pourtant, ô fragilité des choses d'ici-bas ! est redevable au seul D. Calmet d'avoir sauvé son nom de l'oubli, Nicolas de l'Escut, secrétaire du duc Antoine et un de ses envoyés à la diète de Spire en 1542, a écrit sur les actions de droit, sur la preuve testimoniale, puis sur l'application des Institutes de Justinien aux lois et usages de la Lorraine. De ces trois ouvrages, dont on trouvera les titres dans la Bibliothèque Lorraine, au mot *Lescut*, le premier est imprimé à Haguenau, en 1537, le second à Strasbourg, en 1540, le troisième à Paris, en 1543. Ce dernier, qui contient une traduction française des Institutes, est dédié à François duc de Bar, depuis François 1er, les deux autres au duc Antoine, son père.

Vers la même époque, un homme de lettres de Bar-le-Duc publiait à Strasbourg un poëme élégiaque sur la mort de Renée de Bourbon, duchesse de Lorraine. En voici le titre tel que le donne la Bibliothèque Lorraine sans indication du format : *Christophori Probi, Barroducæi, deploratio super mortem Renatæ à Borbonia, uroris Antonii Serenissimi Lotharingiæ ducis. Carmen elegiacum.* — *Argentinæ* 1539. Si les apparences ne sont pas trompeuses, Christophorus Probus Barroducæus n'est autre que l'éditeur du recueil imprimé quelques mois plus tôt ou plus tard à Paris, sous ce titre : *Poetarum (trium) elegantissimorum Porcelii, Basinii et Trebani opuscula, nunc primum diligentia eruditissimi Christophori Preud'homme*

Barroducæi in lucem edita. Parisiis S. Colinœus
1539, petit in-8°. J'ajouterai que deux au moins
des trois poëtes, dont les opuscules sont rassemblés dans ce volume, appartiennent à l'histoire
littéraire de l'ancienne Lorraine (1).

L'an 1548 voit paraître le poëme latin de la
Rusticiade. C'est le duc Antoine qui est l'Aga-
memnon de cette épopée historique, dont le sujet est le triomphe de la Religion catholique sur
l'hérésie armée du glaive et de la torche incen-
diaire, des Seigneurs temporels et ecclésiastiques sur une nouvelle Jacquerie, non moins menaçante et bien autrement redoutable que celle
du XIV⁰ siècle. Les héros de la Rusticiade sont
Claude de Guise et Louis de Vaudémont, frères
du souverain et, en ordre inférieur, les Duchate-
let, les Haraucourt, les Lenoncourt, les Ludres, les
Beauvau, les Stainville, en un mot toute la
fleur de l'ancienne chevalerie de Lorraine. L'auteur, Nicolas Pillard (Pilladius), Chanoine de St-
Diey, l'avait composée en 1541, revue et corrigée
avec l'aide d'Herquel son confrère (Herculanus); il
ne s'agissait plus que de la mettre au jour. Trente
ans plus tôt, une épopée Lorraine, ouvrage
d'un chanoine de l'insigne église de St.-Diey
aurait été publiée par l'imprimerie du chapitre,
et si les presses de Gauthier Lud, auxquelles le
Grand-Prévot lui-même avait mis la main
pour en faire éclore la traduction latine des let-

(1) La famille des Porcelets, a dans le siècle suivant fourni un
Evêque au siége de Toul. Basin de Sandacourt, l'editeur du
Liber Nanceidos était chanoine de St.-Diey. Je ne sais absolu-
ment rien de Trebanus.

tres d'Améric Vespuce, si ces presses, dis-je, avaient paru insuffisantes pour produire une belle et bonne édition de la Rusticiade, l'imprimerie de St-Nicolas-du-Port mieux organisée dans son matériel, dirigée par des mains plus habiles eût dignement accompli cette œuvre. Mais qu'étaient-elles devenues ces deux imprimeries? Il faut bien croire qu'il n'en restait plus rien en 1541, et que notre cité Ducale n'offrait aucune ressource pour l'impression du manuscrit de Pilladius; car un assez long temps s'écoule depuis que le poëme est achevé, le prince à qui l'auteur disait dans sa dédicace:

Accipe devictum celebrantia carmina vulgus
Nec non militiæ fortiter acta tuæ,
Ut tuus et fratrum consurgat ubique triumphus
Per quos florescit religiosa fides.

Le bon duc Antoine était mort depuis plusieurs années, et François 1er son fils l'avait rejoint dans la tombe, lorsque la Rusticiade parut.

C'est, comme je l'ai dit, en 1548, avec une nouvelle dédicace au jeune duc Charles III, c'est à Metz qu'elle est imprimée, dans une cité étrangère et souvent hostile au duché de Lorraine, à Metz enfin qu'une distance assez considérable, eu égard à la difficulté des communications, sépare de St-Diey (1) et dont les environs sont infestés

____

(1) L'extrait suivant d'un almanach de Lorraine pour l'an 1704 montre combien peu fréquentes étaient encore, sous le règne de Léopold, les communications entre Metz, Nancy et St.-Diey.

« Le carosse pour Metz part en été tous les mardis et arrive
» tous les dimanches, et en hyver tous les mercredis et arrive

depuis trois ans par des bandes indisciplinées qui appartenaient à l'armée de Charles-Quint, mais qui, en attendant le signal des combats, n'obéissaient à personne. Et qu'on ne dise pas que l'habileté typographique de Jean Palier avait déterminé le choix de l'auteur en faveur de l'imprimerie messine, car les ouvrages d'Emond du Boullay, imprimés par lui l'année précédente et, au besoin, la Rusticiade elle-même témoigneraient du contraire. Jean Palier qu'il ne faut pas confondre avec Jean Palier junior, dont il sera question ultérieurement, était un imprimeur très-médiocre (1).

» tous les jeudis. Il change de charge au Pont-à-Mousson et re-
» partent (*sic*) jeudi, l'un pour Metz, l'autre pour Nancy. »
Il n'y est pas question de voiture publique entre Nancy et
St.-Diey ; l'état des routes ne le permettait sans doute pas, mais
un courrier passant par St.-Nicolas, Lunéville et St.-Diey, allait
et revenait deux fois par semaine de Nancy à Ste. Marie-aux-
Mines. Les autres villes des Vosges étaient en communication
avec la capitale de la Lorraine par un messager à cheval, partant
de Nancy tous les jeudis et arrivant tous les mardis.
(1) Voici les détails bibliographiques relatifs à la Rusticiade :
*Laurentii Pilladii Canonici ecclesiæ Sancti Deodati Rusticiados
libri sex. In quibus illustris principis Antonii Lotharingiæ Barri
et Gheldriæ ducis gloriosissima de seditiosis Alsatiæ rusticis victoria
copiose describitur—Metis ex officina Joannis Palier*, 1548. 1 vol.
petit in-4° de 107 feuillets non chiffrés, sign. A 2 — Cc 3. caractères romains ; a la fin 3 feuillets contenant deux errata l'un
en caractères romains, précédé des mots *autor lectori*, l'autre en
lettres gothiques. Sign. a.
Au revers du titre qui porte pour marque de l'imprimerie une
fleur de lys supportée par deux anges, on trouve indiqué le sujet de chacun des six livres de la Rusticiade, puis six vers latins
exastichon d'Adam Bergier de St.-Diey. Sur le feuillet A. 2
sont des vers latins de l'auteur au duc Antoine et au revers
commence une épître dédicatoire en vers au jeune duc, Charles III.
Le poëme commence au feuillet A. 4, coté mal à propos et par
répétition A 3.

Ces faits sont, je crois, assez nombreux et assez saillants pour que, en l'absence totale et longtemps prolongée de monuments de la typographie lorraine postérieurs à 1528, on doive tenir pour certain qu'alors l'imprimerie avait cessé d'exister dans le duché (1). Nous ne l'y verrons renaître que vers 1570, après qu'elle aura reparu d'abord à Toul, où, cette fois encore, elle ne fit guères que se montrer, puis à Verdun où son établissement fut plus durable. Mais il faut avant tout rechercher les causes de sa décadence et de sa chute dans cette partie de l'ancienne Austrasie, tandis que partout ailleurs elle était active et florissante.

Interrogeons les événements contemporains, car les historiens né nous répondraient pas.

Il est à remarquer que les premiers symptômes de cet état de choses coïncident avec les mesures réglementaires de l'imprimerie qui, à compter de 1521, furent prises dans un grand état voisin, alors allié de la Lorraine, pour arrêter les progrès de la Réformation et dont l'influ-

(1) J'ai négligé d'autres faits du même genre par ce qu'ils me semblent moins concluants. Didier Oriet, qui se qualifie de *Portois*, était bien réellement originaire de St.-Nicolas du-Port, mais il est incertain s'il résidait en Lorraine, et par conséquent on ne peut conclure de l'impression en 1553 de son poème de Suzanne, qu'elle a eu lieu à Paris, faute de pouvoir être imprimée en Lorraine. Quant à Louis Desmazures, dont la Bibliothèque Lorraine mentionne quelques ouvrages, on peut expliquer l'impression de ses livres à Paris et à Lyon, d'abord par sa vie errante, puis à dater de 1557, par la manifestation de plus en plus prononcée de son adhésion aux doctrines du protestantisme. Le même motif m'a fait passer sous silence Augustin Marlorat. V. Bibl. Lorr. aux mots Oriet, Desmazures et Marlorat.

ence au moins indirecte dut atteindre l'industrie typographique de notre contrée. On comprend tout de suite qu'il est question de la France et des actes de son Gouvernement. Car, après l'expansion des doctrines de Luther dans une grande partie de l'Europe septentrionale et leur invasion en Alsace, la Lorraine se trouvait pour ainsi dire aux avant-postes du Catholicisme, et la France placée derrière elle en corps de bataille pour soutenir d'un commun effort la lutte de la vieille Europe contre les novateurs, l'étreignait de tous ses replis, lui imprimait tous ses mouvements.

Tout le monde sait que Luther, excommunié par le pape Léon X, osa brûler publiquement, le 10 décembre 1520, dans la ville de Vittemberg en Saxe, la bulle qui condamnait ses doctrines. C'était une déclaration de guerre à laquelle, du reste, il préludait depuis quelques années par des thèses, qui malgré les censures ecclésiastiques, probablement même à raison de ces censures, se montraient de jour en jour plus audacieuses ; et le feu qu'il avait allumé ne devait plus s'éteindre.

En 1531 la Faculté de théologie de Paris prit ouvertement fait et cause pour la défense de l'autorité papale et, le 15 avril, après plusieurs réunions en Sorbonne, elle censura, dans une assemblée générale et solennelle, les hérésies de Martin Luther. Cette censure fut aussitôt imprimée par ses ordres et elle en envoya des exemplaires en Allemagne. Les disciples du réformateur y répondirent avec plus ou moins de vivacité, pour

ne pas dire d'emportement, et Melanchthon, entre autres, se signala dans cette polémique par un
pamphlet *adversus furiosum Parisiensium
Théologastrorum decretum.* Ces écrits ayant été
répandus dans Paris, où il paraît même qu'on en
réimprima plusieurs et probablement pas les
plus modérés, l'Université manda à sa barre les
libraires qui en avaient fait le débit et, sur les
conclusions de son Procureur syndic, elle pro-
nonça contre eux des condamnations.

Mais les condamnations que prononçait l'Université de Paris contre les imprimeurs et les
libraires, ses suppôts, c'est ainsi qu'elle les
qualifiait, étaient bornées à la suppression du
livre incriminé, à l'amende et, dans les cas les
plus graves, au retrait d'emploi. On conçoit
donc qu'elles ne durent pas paraître suffisantes
pour arrêter la propagation de doctrines subver-
sives, à la fois, de l'autorité de l'église au spiri-
tuel et de tous les éléments de l'influence qu'elle
s'était arrogée sur le temporel. En général les
mesures de répression n'atteignent que le cou-
pable, mais le fait pour lequel il subit un châ-
timent n'en est pas moins consommé ; et si ce
fait est du nombre de ceux dont les conséquences
vont loin dans l'avenir, comme en matière religieuse ou politique, la répression même la plus
sévère ne satisfait en aucune manière les intérêts
moraux ou matériels auxquels il a été porté at-
teinte. Aussi fallut-il des mesures préventives
aux antagonistes de la Réformation, justement
alarmés du concours de la presse à propager le

nouvel enseignement religieux. L'autorité royale ne tarda guère à déférer à leurs plaintes qu'appuyait alors la clameur générale : car bien différents de nous, nos aïeux faisaient de la religion, leur première et leur plus importante affaire. Voici ce que rapporte à cet égard un écrivain digne de foi, André Chevillier (1), docteur et bibliothécaire de la maison de Sorbonne. « En » l'année 1521, François 1er fit une Ordonnance » qui fut apportée dans l'assemblée de l'Université, tenue le 13 juin, par laquelle il défendait » aux libraires d'imprimer, de vendre et de débiter *aucun livre*, qui n'eût été auparavant visité » et approuvé par l'Université et la Faculté de » Théologie. Le Registre porte. *Lectum est* » *quoddam Regis mandatum, prohibitorium ne* » *librarii aut typographi venderent, aut ederent* » *aliquid, nisi auctoritate Universitatis et Facul-* » *tatis Theologiæ, et visitatione facta.* »

Il est à remarquer que quand cette Ordonnance intervint, et même avant que la Faculté de Théologie se fût ouvertement prononcée contre Luther, le Parlement de Paris avait pris l'initiative des mesures de prévention en ordonnant par arrêt du 18 mars 1521 (2) que tous les livres concernant la foi chrétienne ou l'interprétation de l'Ecriture sainte, écrits en langue vulgaire ou en latin, seraient examinées avant l'impression par la faculté de Théologie de Paris ou par ses délégués, et ce

(1) L'Origine de l'imprimerie de Paris, dissertation historique et critique. Paris 1694, in-4. p. 381.
(2) Ibidem, p. 382.

sous peine de 500 livres d'amende et du bannissement. (1) Ici toutefois la prohibition d'imprimer, sans examen préalable du manuscrit, est restreinte aux ouvrages qui concernent le dogme religieux, tandis qu'elle est générale eu l'ordonnance du Roi; mais cette distinction qui, dans les siècles suivants, aurait eu de l'importance par l'espèce de latitude qu'elle laissait implicitement à la liberté d'imprimer, cette distinction, dis-je, s'efface aux yeux de quiconque sait qu'au seizième siècle les idées religieuses occupaient dans les livres autant de place qu'elles en avaient dans l'esprit public. Ce n'était pas seulement dans les ouvrages de théologie et de morale, qui d'ailleurs formaient alors le principal aliment de la librairie, que l'Ecriture sainte et les saints pères étaient cités, interprétés, commentés d'une manière plus ou moins orthodoxe ; les doctrines religieuses débordaient fort au delà, et elles étaient pour tous et en toute occasion, à propos et hors de propos, le sujet d'une polémique variée dans ses formes, mais toujours incessante. La controverse politique de notre temps peut seule offrir l'aperçu d'un pareil état de choses, mais avec les modifications qui résultent du temps, des mœurs, et surtout du scepticisme et de l'indifférence auxquels il a fallu bien moins

___

(1) On rencontre dans les registres du Parlement de Paris, à la date du 23 avril 1525, un acte portant qu'une traduction de latin et françois des *Heures de Nostre Dame, faite à requ* te de la *duchesse de Lorraine par Pierre Gringore, hérault d'armes,* sera avant toute permission d'imprimer, soumise à l'examen de la faculté de théologie.

de temps pour pénétrer dans la politique que
dans la religion. Ainsi il est plus que présumable qu'en spécifiant les livres sujets à examen,
le Parlement n'entendait point établir une de
ces exceptions qui sont restreintes dans des limites étroites. Et quand on le voit commettre, par
un autre arrêt rendu le 17 mars 1526, deux conseillers auxquels devaient s'adjoindre deux doc-
teurs en théologie, à l'effet d'aller visiter toutes
les boutiques des libraires de Paris et d'y saisir
tous les livres de mauvaises doctrine, on peut
croire que ce corps judiciaire et politique, éten-
dant aussi loin les mesures préventives que les
mesures inquisitoriales, n'accordait qu'à bonnes
enseignes les permissions d'imprimer et de vendre qui furent longtemps à sa discrétion, concurremment avec l'autorité royale (1).

Je viens d'indiquer une autre entrave à la
liberté de la presse, ce sont les permis d'imprimer et de vendre, en l'absence desquels tout
livre devait être tout au moins frappé de suspi-
cion. Il faut y ajouter les priviléges de libraire
qui en France comme en Lorraine, remontent
à une époque antérieure de quelques années aux
premières dissensions religieuses, et pour l'ob-
tention desquels on s'adressait, soit au Parlement, soit au Prince. L'usage s'en était introduit dans le but au moins apparent de protéger
la propriété littéraire; ils devinrent entre les

(1) 13 aout 1526. Défense de publier aucun ouvrage qui n'ait
été premièrement vu par la Cour du Parlement ou les commis.
Rég. Mss du Parlement de Paris.

mains de l'autorité un moyen indirect d'empêcher les publications qui lui portaient ombrage.

Telles étaient en France les mesures de prévention qui concouraient à entraver la publication de la pensée, et c'est vers l'époque même
où la presse ne donnait presque plus signe de vie
dans le duché de Lorraine. Voyons maintenant
comment elles durent réagir sur notre pays et jusqu'à quel point on peut leur attribuer l'état de
choses que j'ai signalé tout à l'heure. De *post hoc*
il ne faut pas toujours conclure *propter hoc*,
mais, dans la recherche de la vérité, il est toujours prudent d'aller hypothétiquement de l'un à
l'autre, sauf à prendre ensuite une autre voie.

La Lorraine, contrée de fort médiocre étendue,
était depuis des siècles morcelée en plusieurs
petits états souvent hostiles l'un à l'autre, et toujours exposés par leur situation, entre la France
et l'Allemagne, à devenir le théâtre de la guerre
étrangère. Delà de fréquents et d'inévitables
désastres. Il fallait pour les réparer à la longue
et un travail opiniâtre et cette rigoureuse éco-
nomie du Lorrain qui est passée en proverbe.
Aussi nos aïeux, tout en s'imposant de rudes
privations, se livraient-ils sans relâche la plupart aux labeurs de la vie agricole ou à l'exercice
des profession manuelles, quelques uns aux spé-
culations d'un commerce trop borné pour qu'il
pût devenir un élément actif de civilisation. Les
villes n'étaient pas nombreuses en Lorraine,
celles du duché particulièrement et, sans en excep-
ter Nancy, sa capitale, n'étaient encore à la fin

du quinzième siècle que des bourgades ou des forteresses. Ce n'était pas dans un tel état de choses, et avec ces conditions d'existence, que notre vieille patrie pouvait offrir aux Muses la paix, les loisirs et l'aisance indispensables à leur culte. Il n'y avait point de collége en Lorraine, l'Université de Pont—à-Mousson n'existait pas encore, et l'association d'hommes de lettres qui, dans les premières années du seizième siècle, s'était formée près du chapitre de St.—Diey, sous le titre de *Gymnasium Vosagense*, cette association, qui mérita les éloges de Pic de la Mirandole (1) et dont les travaux devaient alimenter les presses de Gaultier Lud, n'avait pas survécu à Mathias Ringmann, un de ses fondateurs. Il est vrai que nos trois villes épiscopales possédaient des écoles, et c'est de l'école de Toul, célèbre au onzième siècle que sont sortis Hugues Metellus et Brunon. Il en existait aussi dans quelques abbayes, notamment dans celles de l'ordre de saint Benoit. Mais, pour profiter des unes il fallait résider dans les villes où elles étaient établies, et il y avait peu de sûreté à fréquenter les autres : car au moyen âge les abbayes étant journellement exposées aux incursions des seigneurs, ceux-ci, quand ils y trouvaient des vassaux d'autres seigneurs avec lesquels ils étaient en guerre, ne se faisaient aucun scrupule de les enlever pour en tirer rançon. On conçoit d'après cela que dans la première moitié du seizième siècle, l'instruc-

(1) Dans une lettre imprimée au commencement de Ptolémée de 1513, déjà cité.

tion était encore trop peu répandue en Lorraine pour que la typographie y eût grande chance de prospérité.

D'un autre côté, les éditions des auteurs classiques latins et les traductions latines des auteurs grecs, qu'alors on ne lisait guère dans leur langue, étaient déjà trop multipliés à l'époque où l'imprimerie s'introduisit dans le duché de Lorraine, pour qu'elle pût songer à en augmenter le nombre, avec profit pour elle et utilité pour le public. Plus de 250 éditions plus ou moins amples des divers ouvrages de Cicéron, 95 Virgile, dont 70 contenant toutes ses œuvres, 74 Térence, 57 Horace dont 36 complets, 49 Catulle, Tibulle et Properce réunis ou séparés, 26 Martial et 20 Stace, 45 Salluste, 22 Pline le Naturaliste, et 20 Tite-Live avaient été publiés dans les quarante dernières années du quinzième siècle en Allemagne, en France et en Italie, mais surtout dans cette dernière contrée. Je m'arrête à ce chiffre de 20 éditions et ne cite pas les auteurs en plus grand nombre, qui, à la date de 1501 n'avaient encore été publiés que quinze ou dixhuit fois. Les éditions complètes de la Bible en version latine dépassaient de beaucoup la centaine, et les livres de théologie, de liturgie, de droit canon, de droit civil, ceux de philoso-

(1) A cette époque l'étude de la langue grecque était encore assez généralement négligée, et en 1501, il n'avait paru de la plupart des auteurs grecs que des traductions latines. Démosthènes entre autres, Hérodote, Thucydide, Xénophon, Plutarque, Platon, Euclide et Strabon, n'ont été publiés en grec qu'au seizième siècle.

phie, de grammaire, d'histoire, et de littérature, composés depuis le sixième siècle jusqu'au quinzième, n'étaient pas, il s'en faut bien, restés en arrière. Pour n'en citer que quelques-uns pris dans chacune de ces différentes classes, la légende de Jacques de Voragine comptait déjà, au commencement du seizième siècle, 71 éditions latines et 58 en diverses langues, le *Manipulus Curatorum* avait été imprimé 53 fois, le *Grationi decretum*, 42; les Institutes de Justinien, 46; le Boëce, *De consolatione philosophiæ* et les Rudiments de la langue latine de Nicolas Perrot, 52; le *Fasciculus temporum*, 27 fois; non compris les traductions, et la 22ᵉ édition latine des facéties de Pogge avait été mise au jour. Bref, la typographie du quinzième siècle avait, suivant l'appréciation de M. Daunon, produit treize mille éditions de différents ouvrages, ce qui, à raison de 300 exemplaires par édition, avait répandu dans l'Europe civilisée d'alors, environ quatre millions de volumes (1).

On comprend que de cette prodigieuse quantité de livres, il eu avait dû déborder assez en Lorraine pour peupler les bibliothèques des maisons religieuses et le peu qui existait alors de bibliothèques particulières, pour satisfaire aux besoins de l'enseignement, aux études et

(1) 3,900,000 en ne comptant qu'un volume seulement pour chaque ouvrage, et 100,000 pour les tomes 2 et suivants des livres qui en ont plusieurs. Il est à observer que cette évaluation de M. Daunou, date de 40 ans et certes les découvertes bibliographiques qui ont été faites depuis, autoriseraient à ajouter aux chiffres posés par ce savant.

aux fantaisies des gens lettrés, gens clair-semés qu'à cette époque, et sauf un petit nombre d'individualités appartenant la plupart au clergé séculier ou régulier, on aurait cherchés inutilement ailleurs que dans la noblesse de cour, le haut clergé et l'ordre de saint Benoît, ou parmi les magistrats, les Jurisconsultes et les médecins. Le reste de la nation c'est-à-dire les quatre vingt-dix-huit centièmes, n'avaient que faire de livres ; c'était pour eux, lettres closes.

Les auteurs classiques latins, les ouvrages les plus renommés des modernes et les livres les plus usuels restaient ainsi, par le fait, dans le domaine de la typographie étrangère; et, postérieurement à 1501, elle continua d'exploiter cette mine avec un succès d'honneur et d'argent que ne pouvaient se promettre nos imprimeurs lorrains, nouvellement mis au monde et hors d'état de lutter avec les célébrités typographiques de Lyon, de Paris, de Strasbourg et de Basle, pour ne parler que des plus proches. Les liturgies des Églises de Metz, Toul et Verdun offraient bien un aliment à leurs presses ; mais outre que la librairie parisienne avait pour ainsi dire le monopole de ce genre de publications, comment soutenir la concurrence avec les Wolfgang Hopil, les Guillaume Godart et les Simon Vostre qui, entre autres imprimeurs ou éditeurs de Paris, ont, dans l'intervalle écoulé de 1497 à 1517, fourni ces diocèses de livres liturgiques ? Jacobi et Gaultier Lud eussent-ils mieux fait qu'eux, sous le rapport typographi-

que, qu'à défaut d'artistes, pour décorer les missels et les heures, il leur eût encore fallu se résigner à rester fort au-dessous des éditeurs pari-
siens, et surtout du dernier de ceux que j'ai
nommés. D'ailleurs l'autorisation épiscopale
n'était-elle pas pour ces livres un indispensa-
ble *laissez passer*?

Dans l'évidente impossibilité de débiter, bien
moins encore d'exporter d'autres produits de ses
presses, la typographie lorraine dut se réduire
à la publication très-restreinte des œuvres de la
littérature indigène, à l'impression de quelques
livres de piété, de quelques patentes d'indulgences ; et elle ne pouvait pas même compter
parmi ses bilboquets les actes de l'autorité qui
dans ce temps-là ne se publiaient guère qu'à
son de trompe (1).

On vient de voir que l'imprimerie s'était établie en Lorraine, dans des circonstances de temps
et de lieu peu favorables à sa prospérité. Je vais
maintenant la montrer succombant sous le con-
tre-coup des mesures prises en France pour arrêter les progrès de la Réformation. J'ai dit qu'elle
n'avait, pour s'alimenter que la littérature indigène, et je comprends indistinctement, sous cette dé-
nomination, les ouvrages de théologie, de jurisprudence, de sciences et arts, de littérature proprement dite et d'histoire, composés dans le pays
même. Cette faible ressource va bientôt lui être
enlevée par la force des choses.

(1) Au moins en Lorraine où sauf de rares exceptions on ne
retrouve qu'en Mss. les anciennes ordonnances Ducales, antérieures à 1570.

Les bibliothèques des maisons religieuses et celles de quelques particuliers offraient à peine aux produits de la typographie Lorraine, ainsi restreinte, des débouchés suffisants pour qu'elle parvînt à couvrir ses frais; il fallait chercher au dehors des consommateurs : que cette expression me soit permise, car, je discute ici la question financière. Des livres écrits en latin, comme la Nancéide, la Perspective de Viator, l'Introduction à la Cosmographie et le volume intitulé, *Grammatica figurata*, durent avoir un écoulement plus ou moins prompt, plus ou moins facile, en Allemagne, en Suisse et dans les Pays-Bas, mais la France était à peu près le seul débouché possible pour les livres écrits en français, au moins en majeure partie, tels que l'histoire de la guerre des Rustauds et d'autres ouvrages composés par Volcyr, de 1525 à 1530.

Puisque le nom de Volcyr est venu se replacer sous ma plume, je vais prendre pour exemple cet homme de lettres Lorrain : car les circonstances impérieuses qui, à dater de 1526, le déterminèrent à faire imprimer ses ouvrages à Paris, durent agir dans le même sens sur d'autres écrivains, ses compatriotes et ses contemporains, et il s'en faut bien que les années d'après en aient amoindri l'influence. Les pièces préliminaires de *l'Histoire de la triomphante et glorieuse victoire obtenue contre les séduictz et abu-ez Luthériens* me serviront à mettre son auteur en scène.

Volcyr avait fait imprimer en 1525 à Saint-

Nicolas-du-Port un livre écrit en français, c'est
le *Sermon de charité*. Du succès qu'obtint cette
publication nous ne savons rien, mais en 1526
voici notre auteur, secrétaire et historiographe du
duc Antoine, le voici qui a mis la dernière main
à son histoire de la guerre des Rustauds. Elle est en
état d'être livrée à l'impression et Volcyr a également
ment en manuscrit trois autres ouvrages composés par lui, tant en français qu'en latin (1). Il
s'agit non-seulement de les faire imprimer, mais
d'en assurer le débit; son histoire composée
entièrement en français et seulement analysée
en latin, ne peut guère trouver qu'en France les
lecteurs et surtout les acheteurs qui lui man-
quent au pays natal. Supposé ce livre imprimé
en Lorraine, pourra-t-il circuler librement en
France. Ne sera-t-il pas saisi, confisqué, peut-
être même brûlé, s'il s'y présente sans cer-
tificat de parfaite orthodoxie, sans permis
d'imprimer, émané de l'autorité française.
Puis comment, sans privilége du roi, empêcher
en France la réimpression d'un livre composé
par un étranger et imprimé hors du Royaume?
Volcyr part donc pour Paris, et le 12 janvier
1526 (vieux style), sur le rapport de maître
François Goyet, commis à l'effet d'examiner son
livre où il n'a été trouvé *chose préjudiciable ne*
dommageable à la chose publicque, et attendu
aussi que d'un autre rapport fait à la faculté de
théologie de Paris, il conste que *le sermon dudit*
livre en ce qui concerne ladite théologie n'estait

(1) Entre autres la relation du supplice d'un hérétique exécuté
à Nancy.

pernicieux ne digne de repréhension , grâce aussi à la recommandation de Guillaume Budée, cet infatigable protecteur des gens de lettres auprès de François 1er, on accorde à notre auteur la permission d'imprimer et le privilége dont il a besoin.

Tout cela n'a point été obtenu sans une longue attente et sans de nombreuses démarches, mais, enfin les obstacles sont vaincus, Volcyr est en règle, il pourra faire imprimer son livre par qui bon lui semblera, puis le mettre en vente après collation de l'imprimé sur le manuscrit qui a été soumis à la censure ; et pendant trois ans la réimpression et la vente en sont interdites à tous autres que lui et ceux qu'il en chargera. Que va-t-il faire ? Retournera-t-il en Lorraine pour le mettre en lumière, en Lorraine où ce volume sera exécuté plus lentement et peut-être plus chèrement qu'à Paris : là Volcyr a le choix entre trente typographes , dont plusieurs sont justement renommés dans le monde littéraire ? N'est-il pas à craindre que la collation des exemplaires envoyés de Lorraine en France , pour y être vendus, et ce doit être le plus grand nombre, ne donne lieu de la part des censeurs, théologiens ou autres, à quelque tracasserie que l'auteur absent ne pourra pas écarter, et ne sera-t-il pas contraint de revenir à Paris ? Le privilége du Roi sera-t-il aussi respecté pour un livre imprimé en Lorraine que pour un produit des presses françaises, la contrefaçon ne trouvera-t-elle pas moyen de l'éluder ? En présence de toutes ces considérations l'option ne pouvait être douteuse, Volcyr se décide à faire imprimer à Paris ; le manuscrit de cet ouvrage important échappe à la typographie Lorraine, et successivement tous les autres écrits du même auteur.

C'est ainsi que les presses Lorraines sont frappées d'une paralysie mortelle à laquelle elles ne durent pas tarder à succomber. On peut avec quelque probabilité fixer vers l'an 1530 la chute de la typographie de St.-Nicolas-du-Port; celle de St.-Diey, son unique rivale, n'existait plus depuis longtemps, en sorte qu'en 1537 Nicolas de Lescut et, après lui, Prud'homme, Du Boullay et l'auteur de la Rusticiade n'eurent pas même à mettre en question s'ils feraient imprimer leurs livres en Lorraine ou à l'étranger.

J'ai dit quelque chose, au chapitre premier de ces recherches, de l'intérêt que le clergé de la Lorraine, alarmé des progrès toujours croissants de la Réformation, dut avoir à briser dans la presse un instrument dont le prosélytisme religieux pouvait se servir avec succès, et j'ai indiqué cet intérêt si prépondérant alors comme une des causes possibles, probables même, de l'anéantissement de la typographie dans ce pays. Cette mesure de précaution, si elle fut suggérée au gouvernement ducal, n'était point à rejeter, dans les circonstances où se trouvait la Lorraine aux approches de la guerre des Rustauds, et qui se prolongèrent longtemps après cet événement. Car, ce n'était pas seulement dans sa foi religieuse que le prince se trouvait inquiété par les réformateurs, et il en était ainsi de sa famille et de toute la noblesse de la contrée. L'aggression du Luthéranisme, dirigée et poursuivie avec succès contre l'Eglise et les ordres monastiques seulement, pouvait paraître à de hauts et puissants seigneurs temporels une occasion d'accroître leur puissance et leurs richesses territoriales, aux dépens des moines chassés de leurs couvents, dépouillés et dispersés. On sait que les seigneurs féodaux ne manquaient guère les occasions de ce genre et qu'ils savaient même au besoin les faire naître. Et quant à la noblesse inférieure, elle pouvait espérer de prendre part a la curée, par des concessions de fiefs et d'arrière-fiefs qu'il n'eût pas été possible de lui refuser. Mais des esprits ardents s'étaient emparés des nouvelles doctrines, et en les développant dans un sens politique et social tout à la fois, les avaient rendues menaçantes aux princes, aux puissants de la terre, et à tous ceux qui possédaient à différents titres des parcelles plus ou moins étendues de cette glèbe, que depuis tant de siècles les sueurs du paysan arrosaient et fécondaient pour autrui. Le peuple des campagnes, généralement affranchi de la servitude du moyen-âge, mais non moins misérable que par le passé, soumis par les conditions mêmes de son affranchissement à des redevances onéreuses, à d'humiliantes et pénibles corvées, avait facilement prêté l'oreille aux enseignements de liberté et d'égalité que lui prêchaient, entre

autres sectaires, les chefs des anabaptistes ; enseignements dont le programme était borné dans
l'origine à la simple revendication des droits de
l'humanité, mais qu'au XVIe siècle comme de
nos jours, l'esprit d'innovation toujours insatia-
ble, même quand il est désintéressé, exagérait
jusqu'à la loi agraire et au *communisme.* Ces
doctrines, répandues dans la Misnie, la Thu-
ringe et la Franconie, et plus près de notre contrée, dans la Souabe et plusieurs autres états des
bords du Rhin, y avaient de toutes parts soulevé
les paysans contre les seigneurs. Le premier
besoin de l'esclave révolté est la vengeance, il
faut qu'à tout prix il fasse expier à celui qui fut
son maître une longue série de vexations, de
misères et d'opprobres. Ce besoin exalté par le
fanatisme religieux, légitimé par l'application
que faisaient les anabaptistes de ces paroles de
l'évangile. *Je ne suis pas venu apporter la paix,
mais le glaive,* ce besoin de vengeance se manifesta par les excès les plus barbares. Le seizième
siècle vit se renouveler, avec une plus grande
intensité de fureur et sur une plus vaste échelle,
les scènes dont le quatorzième avait été témoin,
et en 1525, l'incendie des manoirs féodaux et le
massacre de ceux qui les habitaient n'étaient
plus le fait de quelques attroupements plus ou
moins faciles à disperser. Des armées de paysans
se mettaient en marche, et plus nombreuses à
chaque pas, précédées au loin par l'épouvante,
portaient avec elles le pillage et l'incendie, et
marquaient leurs traces par le sang et la dévas-

tation. C'était une de ces armées qui, après avoir passé le Rhin, avait envahi l'Alsace et favorisé par les protestants de ce pays, guidée par quelques Messins bannis de leur patrie comme fauteurs du Luthéranisme, était sur le point de pénétrer en Lorraine par les défilés des Vosges, lorsque le duc Antoine accourut et l'extermina presqu'entièrement dans les combats de Lupestein et de Scherviller, mais surtout à Saverne où *en fut fait grande et inhumaine tuerie*, dit la chronique de Metz.

Toutefois l'armée, dont il est question, composée d'éléments divers, mais surtout de *Bourres* (1) de l'Allemagne rhénane parmi lesquels dominait encore le Luthéranisme primitif, n'avoit pas arboré la bannière sanglante des Anabaptistes. Cette expédition vers la France, en traversant la Lorraine, était une sorte de croisade pour la conquête de la liberté religieuse et des droits les moins contestables de l'humanité. A ces paysans, qu'en Lorraine on appelait aussi les Rustauds, nom que l'histoire du pays leur a conservé, s'étaient joints, dit la même chronique (2) « plusieurs grands seigneurs, gentilshommes

C'est ainsi que les nomme la chronique de Metz, par corruption de l'Allemand *bauer*, paysan. N'est-ce pas de *bourre* qu'est dérivé un autre mot, dont l'orthographe et la prononciation ne diffèrent guère et qui longtemps usité en France et en Espagne, comme synonyme trivial de Huguenot, a pris chez nous une autre signification ; et depuis que nos dissensions religieuses ont cessé, ne se dit plus que des adorateurs de Vénus Callipyge, hérétiques d'un autre genre.

(2) Les chroniques de la ville de Metz... Metz. Lamort, 1838, gr. in-8°.—Il est à regretter, que l'éditeur, M. Huguenin, n'ait pas assez vécu pour surveiller l'impression de ce recueil des Chroni-

» capitaines et davantage plusieurs clercs et
» scientifiques personnes.» Ajoutons plus de cinq
cents curés, suivant le témoignage de Volcyr. Ils se
disaient « envoyés de Dieu pour mettre police sur
»les abuz de ce monde tant sur les prestres que
»sur les seigneurs.» Le manifeste en douze articles, qu'ils avaient eu soin de faire imprimer, por-
tait inscrites la liberté de se choisir des pasteurs
qui leur prêcheraient « l'Evangile tant seulement sans adjonction aulcune des statuts, doctrine et commandements des hommes, » l'abo-
lition du servage, la décharge des dixmes à l'exception de la dixme en grains, dont une partie
devait être employée au soulagement des pauvres,
une fixation équitable des corvées, des impôts
et des droits seigneuriaux, la liberté de chasser
et de pêcher, enfin la restitution aux commu-
nautés de leurs biens usurpés par les seigneurs.
Telle était la substance de ce manifeste, dont
la modération peut étonner notre siècle,

ques messines. S'il eût persisté dans le plan qu'il avait conçu, et
dont l'avantage est fort contestable, de fondre ensemble ces
chroniques en les coordonnant suivant l'ordre des temps, en les
dégageant des emprunts qu'elles se faisaient mutuellement et en
prenant dans les unes ce qui manquait dans les autres, (V. la
préface) au moins est-il à croire que des annotations marginales
apprendraient au lecteur jusqu'à quel point il peut ajouter foi au
récit qu'il a sous les yeux; tout au moins saurait-on le nom du
chroniqueur à qui le passage est emprunté. C'est surtout lorsqu'il
est question de la lutte opiniâtre et finalement victorieuse que
soutinrent, pendant plusieurs siècles, les citoyens de Metz contre
leurs Evêques, et des progrès du protestantisme dans cette ville
qu'on aimerait à savoir si le narrateur n'a point été inspiré par
l'esprit de parti. J'ai dû me faire cette question, et regretter de ne
pouvoir la résoudre, à propos des passages concernant le guerre des
Rustauds que j'ai empruntés à cette compilation.

mais qui vers la fin du moyen-âge dut paraître
de la dernière outrecuidance aux seignenrs
temporels et ecclésiastiques, et inquiéter les souverains, moins menacés toutefois dans leur autorité que dans la jouissance des seigneuries
qu'ils possédaient. Ce que voulaient les Rustauds
était en réalité une grande perturbation dans
l'ordre religieux, social et politique de cette
époque où quelques hommes étaient tout, possédaient tout, et les autres n'étaient rien et n'a-
vaient pas même en tous lieux la possession
d'eux-mêmes. Pour en apprécier l'immensité, il
faut se rappeler qu'il fallut encore près de trois
siècles de civilisation toujours croissante et une
sanglante révolution, débordée de la France
sur l'Europe presque tout entière, pour que
ces idées de réformation obtinssent, dans quelques états seulement, une réalisation complète.

D'un autre côté, c'était les armes à la main, et
au nombre de plus de quarante mille, que les
Rustauds étaient sortis de leurs pays pour *mettre
police sur les abuz du monde.* Et s'il est vrai,
comme le rapporte la chronique déjà citée, qu'ils
« avoient en eulx si grant discrétion qu'ilz se
» fussent détournez d'une lieue, que par eulx
» eust esté gasté un champ de blé ni aultre
» semence.. qu'ils ne perçevoient rien de personne
» sans payer, qu'à tous marchands et passants
» ils n'otoient rien du leur et avec ce les con-
» duisoient s'ils en avoient besoin » il ne l'est pas
moins que, « pour se nourrir et pour en despartir
» aux pouvres indigens du pays » ils prenaient

aux abbayes *mal réformées*, (ce qui, je crois, veut
dire à toutes, car elles devaient toutes leur paraître
ainsi), la plus grande partie de leurs biens « ne
» laissant aux moines et gras abbez que cela qui
» estait de nécessité pour les nourrir... Et s'ils
» veoient qu'ils fussent trop de moines en ung
» couvent mal réformé et qu'il y en eust ung tas
» de mal conditionnés qui ne servoient que
» d'empescher le lieu, ils les expulsoient et
» boutoient dehors.... Et deffendoient à tous ma-
» chans et aultres de payer aucun passe-port,
» pont ni passaige, ne aultres malletottes, ne
» gabelles, sinon qu'il fust deu selon Dieu et
» raison. Tout cela était bien dans l'esprit des
douze articles, mais l'exécution de ces actes
avait lieu par des bandes de paysans armés, sur
lesquels la discipline était sans empire. Le pillage, le meurtre et la dévastation étaient le châ-
timent inévitable de la plus légère résistance, et
dans toutes les parties de l'Alsace où ils se ré-
pandirent, les traces des Rustauds furent marquées par l'incendie ou la démolition des châ-
teaux et des monastères (1).

(1) Volcyr, qui n'était rien moins que favorable aux Rustauds,
ne léur impute aucun de ces actes de fanatisme barbare et de
férocité dont les anabaptistes se souillèrent en Allemagne. S'ils
manifestèrent l'intention d'écorcher tout vif et de rôtir l'abbé
de Maurmoutier, il n'est pas moins vrai que ce grand dignitaire
ecclésiastique en fut quitte pour la peur et quelques mauvais
traitements. Mais quant au pillage et à la dévastation les Rustauds
ne s'en faisaient pas faute, lorsqu'ils avaient affaire au clergé et
aux seigneurs, c.-à-d., presque partout. Ce furent les paysans
d'Alsace qui payèrent en définitive les frais de cette guerre. Rançon-
nés et pillés par les soldats lorrains, il fallut encore que chacun
d'eux payât à l'Evêque de Strasbourg 6 florins de dommages-

On comprend quel dùt être, dans toute la
Lorraine, menacée de cette invasion de réformateurs, l'effroi de tous ceux qui avaient à perdre et puissance et richesses.

Les dispositions bien connues des paysans
Lorrains n'étaient rien moins que rassurantes
pour leurs seigneurs temporels et ecclésiastiques; *les 12 articles de delà le Rhin*, répandus
par les émissaires dont l'armée des Rustauds
était précédée, avaient excité, dans les campagnes une fermentation, qui chaque jour allait
croissant. Dans un grand nombre de villages,
surtout dans le bailliage d'Allemagne, en com-
munauté de langage avec les Rustauds, ceux-ci
étaient attendus comme des libérateurs ; déjà
même quatre cents paysans des environs de Dieuze
avaient quitté leurs foyers, pour aller les join-
dre. Ajoutons que depuis deux ans les frontières
de la Lorraine étaient inquiétées par des Luthériens des états voisins qui à plusieurs reprises
avaient essayé d'y pénétrer à main armée *pour
y planter leur religion* (1), et qu'à Metz la
réformation comptait de nombreux adhérents
dans la bourgeoisie et des amis secrets parmi
les magistrats de la cité. Le supplice récent de
Jean Chatelain (2), loin d'effrayer les novateurs,

intérêts, et la Régence d'Ensisheim les soumit à des amendes et à
des corvées pour aider à reconstruire les châteanx et les couvents
démolis. (Description hist. et topogr. de l'Alsace, par Aufschlager,
t. 1, p. 243)

(1) Volcyr. Livre 1er chap. 2.

(2) C'est l'espression employée par le Duc Antoine dans son
ordonnance du 26 septembre 1523 contre la propagation de
l'hérésie.

n'avait fait que les irriter et en augmenter le nombre; et l'expérience que le sol de la religion s'engraisse et fructifie par le sang des martyrs, venait de se renouveler à Metz, au profit du Luthéranisme (1). Dans cette ville cependant les bourgeois s'émure nt aux approches des croisés luthériens ; les int entions manifestées par ceux-ci n'avaient rien qui leur déplût, tant s'en faut ! et une disposition d'e*prit à peu près semblable existait dans la bourgeoisie moins nombreuse de la Lorraine ducale; mais les uns et les autres se demandaient comment elles seraient exécutées et si ce ne serait pas à la manière des Anabaptistes. *S'il est vray*, disait-on des Rustauds, *que leurs faits ensuissent leurs parolles, et que la fin soit telle comme il se monstre à l'accommencement, il n'y auroit que bien; mais pour ces choses*, ajoute le chroniqueur messin, et *pour plusieurs aultres on se doubtoit très fort...*

J'ai dit que les *articles de delà le Rhin* n'a-

(1) Les chroniques de Metz rapportent, à la date du 12 janvier 1524 (vieux style), le supplice de ce religieux qui, comme Luther, était de l'ordre des Augustins. Une émeute populaire des plus furieuses et des plus acharnées accueillit à leur re'our l'abbé de St.-Antoine en Viennois et les autres ecclésiastiques qui , au nombre de soixante, étaient allés à Vic chef-lieu de la souveraineté épiscopale, pour assister à cet *autodafe* qu'on n'avait pas usé consommer à Metz. Elle dura plusieurs jours. La maison que l'abbé de St.-Antoine avait à Metz, celle de l'abbé de Gorze et plusieurs maisons religieuses successivement attaquées, livrées au pillage et saccagées, *demeurèrent aussi nettes qu'après feu, sauf et réservé le toict*. Plusieurs ecclésiastiques furent maltraités par le peuple, leur vie courut le plus grand danger et on ne parvint à sauver l'abbé de St.-Antoine qu'en le mettant en prison et en le faisant ensuite évader secrètement. Remarquons en passant que cet ecclésiastique , supérieur des Antonistes de |Pont-à-Mousson était le chef du conseil du duc Antoine.

vaient rien de bien menaçant pour les souverains,
si ce n'est à cause des seigneuries qu'ils possédaient. Mais, était-ce bien là le dernier mot des
Boarres, et lorsque partout ils déclaraient la guerre
à l'Eglise et aux seigneurs, n'avaient-ils pas intérêt à ménager le prince, au moins provisoirement,
pour n'avoir pas tant d'ennemis à combattre à
la fois ? Le duc Antoine dut se faire ces questions, et lorsqu'il vit une armée de 40,000 religionnaires, (1) partagée en douze bandes, marcher
vers ses états, il dut craindre que le succès de
leur invasion ne profitât à quelques princes alle-
mands qui, ayant embrassé la réforme, pourraient
bien se faire payer à ses dépens le prix de leur
adhésion aux nouvelles doctrines. Ainsi un dan-
ger commun et des plus imminents rassemblait
alors sous la bannière du catholicisme, le prince,
alarmé pour lui-même et pour son pays que
la guerre allait dévaster, les membres de la famille ducale richement dotés, en France et en
Lorraine, de bénéfices ecclésiastiques et de seigneuries, la noblesse du pays tout entière, le
haut clergé séculier et une partie du clergé
régulier, (2) enfin, dans toutes les classes, ceux
que l'intérêt ou la conscience tenait attachés à
l'Eglise romaine. Aussi est-il peu d'exemples,

(1) « Sans compter leurs femmes, leurs enfants et leurs servi-
teurs » ajoute D. Calmet.

(2) Le clergé séculier inférieur, composé de curés et vicaires
à portion congrue, se montrait généralement favorable aux nouvelles doctrines, et elles avaient encore bien des adhérents parmi
les moines mendiants et dans les monastères *mal rentés*. L'ordre
des Augustins auquel Luther avait appartenu, lui fournit aussi dans
l'origine de nombreux et ardents prédicateurs.

surtout en ces temps-là, d'une armée levée, fournie de munitions et approvisionnée de vivres en
aussi peu de temps que celle du duc Antoine,
composée de 4000 cavaliers, et 2000 fantassins,
suivant Volcyr, 5000 suivant un autre écrivain
(1). C'était le 15 de mai 1525, que les Rustauds
devaient entrer en Lorraine, le duc en avait été
informé le 1er mai, et déjà, le 5 de ce mois, son
armée partait de Nancy, marchant à leur rencontre. Le succès fut aussi rapide que les pré-
paratifs avaient été prompts. Arrivée le 16 au
matin sur les hauteurs de Saverne, l'armée lorraine écrase le même jour 6000 Rustauds à Lupestein ; le lendemain 15000 de ces malheureux sont
impitoyablement massacrés à Saverne, et trois
jours après le combat de Scherviller en détruit
12000 et disperse le reste. Le 22, les Lorrains
repassent les Vosges au col du Bonhomme et le
24, Antoine et ses frères faisaient à Nancy leur
entrée triomphante. Une campagne de 20 jours
au plus préserva ainsi la Lorraine de l'invasion
des croisés protestants, détruisit à ceux-ci plus
de 56000 hommes, refoula sur le Rhin le Luthéranisme et sauva la religion catholique en
France (2).

(1) Nicolas Boucher, cité par D. Calmet.
(2) Cette assertion n'est nullement hasardée. Qu'on suppose le
duc Antoine vaincu, et on voit aussitôt ses états envahis par
40,000 Luthériens, à la suite desquels le succès en aurait attiré deux
fois autant; puis cette armée, grossie à chaque pas par le concours des
uns, fortifiée par la défection des autres, pénétrant en France dans les
circonstances les plus favorables à ces nouveaux croisés. François
1er était alors à Madrid, prisonnier de Charles-Quint qui le retint
encore près d'une année, et la réformation comptait de nombreux

La force des armes avait repoussé de la Lorraine l'hérésie armée, mais ses doctrines y avaient pénétré par la prédication et par la presse. Il était urgent d'en arrêter la propagation; les progrès rapides du Luthéranisme à Strasbourg et en Alsace, et l'exemple de Metz où le mauvais succès des Bourres n'avait fait qu'exalter le zèle de leurs coréligionnaires, étaient pour le gouvernement ducal un avertissement de se tenir sur ses gardes (1).

Dès le 25 septembre 1523, le duc Antoine avait rendu une ordonnance qui prescrivait à tous ses officiers et, en leur absence, à ses sujets d'arrêter tous ceux qui seraient trouvés dans ses états, « preschans, publians, noncéans, décla- » rans ou induisans le peuple, en général ou en » particulier, aux faits, œuvres et hérésies de » Luther.. et de les détenir sous bonne garde » jusqu'à ce qu'il en fut ordonné ce que faire » s'en devra.

Les produits de la presse n'étaient pas oubliés dans cette ordonnance. « Nous ordonnons, » disait le duc « que tous Prélats, prieurs, religieux, » séculiers, mendians, chanoines, prestres, Gen- » tilzhommes, nobles ou non nobles, officiers, » gens roturiers ou autres, de quelque état ou » condition qu'ils soient, sans aulcun réserver,

partisans dans le royaume et à la cour de puissants protecteurs, au nombre desquels était la sœur même du Monarque, Marguerite de Valois, reine de Navarre.

(1) V. les chroniques de Metz, année 1525 et l'Histoire des progrès et de la décadence de l'hérésie dans la ville de Metz et le pays Messin par Meurisse.... Metz. 1642 in-4°.

» en nosditz pays, terres et seigneuries de nos-
» tre obéissance, qui ayent livres, papiers,
» œuvres ou enseignements des faicts, meurs et
» hérésies de Martin Luther, ses adhérens ou
» complices ou entremetteurs de sa secte, quelz
» qu'ilz soient ou de quoy ilz fassent mention, les
» apportent ou envoycnt en cedict lieu de Nancey
» dans le premier jour de caresme prochain
» venant, suivant les dates des présentes, et
» illecques les mettent et délivrent es mains du
» Révérend père l'abbé de Sainct-Anthoine en
» Viennois, chief de nostre conseil, ou du bon
» père frère Bonaventure Rennel, nostre con-
» fesseur et gardien des frères mineurs en ce dict
» lieu de Nancey ou l'un d'eux, à ce d'en faire
» ainsy que leur avons ordonné. »

Suivait l'injonction à toutes personnes de
dénoncer aux officiers du duc tous les possesseurs
ou détenteurs de pareils livres, qui n'en auraient
pas fait la remise dans le délai fixé. La peine
encourue par ceux-ci n'est pas moins que la
confiscation de corps et de biens, et il en est
de même des « refusans annoncer ceux ou celles
» qui auraient en mains, ou seraient trouvés avoir
» par devers eux aulcun desdicts livres, papiers
» etc., » c'est-à-dire des *non révélateurs*, pour
parler le langage de notre siècle.

On conçoit qu'après la guerre des Rustauds
et sous l'influence des passions qu'elle souleva
contre les réformateurs, ces dispositions furent
rigoureusement exécutées dans ce qu'elles avaient
de plus inquisitorial, et que dans l'état des

mœurs de ce temps la répression dut être barbare. Les bûchers furent allumés en Lorraine et leurs flammes éclairèrent nos aïeux sur les conséquences possibles de la confiscation de corps. « En ces mesmes jours » dit la chronique de Metz « le mairdy vingtiesme
» jour de jung à Nancey, fut desgradé ung josne
» religieulx, tenant l'hérésie dudict Luther. Mais
» pour ce qu'il vint à vraye cognoissance et qu'il
» se répentoit très-fort, il ne fust pas bruslé, ains
» mis d'une part qu'on ne sçeult qu'il devint.
» Puis au lendemain, vingt et uniesme jour du-
» dict mois de jung, fut audict lieu de Nancey
» bruslé le curé prestre de Sainct Ypolyte (1)
» pour ce mesme faict, car il tenoit la loy
» Luther et s'estoit marié et ne s'en voult jamais
» repentir, ains mourut fermement et comme
» tout en riant tenant son erreur; et c'estoit un
» biault josne homme entre mille.

Quelques semaines après, les magistrats de Metz firent aussi publier une ordonnance contre les propagateurs de l'hérésie. Il y a de plus que dans celle dont il vient d'être question, une prime promise au dénonciateur « de tout homme
» ou femme qui veult tenir ou soutenir nulz
» des articles dudict Martin Luther, qui lit ou fist
» lire aucun de ses livres. » La confiscation de corps et de biens est prononcée dans ces cas, ainsi que contre le non révélateur. Mais l'introduction ou la vente de ces livres à Metz, par un li-

(1) Il avait été arrêté avant l'invasion des Rustauds, la ville de St.-Hippolyte, quoiqu'en Alsace, appartenant au duc de Lorraine.

braire ou par tout autre, n'est punie que d'une
amende de 10 livres messins. « La ville de Metz
était alors », dit Meurisse, (1) » dans une per-
» pétuelle vicissitude et inconstance, tournant et
» pirouettant comme une giroutte au gré du vent
» qui souffloit et dominoit; lorsque le maistre es-
» chevin ou quelque puissant et fameux d'entre
» les treize et les paraiges sentoit le fagot on ne
» voyoit que mespris des gens d'église, qu'entre-
» prises sur l'autorité et la jurisdiction ecclésias-
» tiques et autres semblables attentats sur la
» religion catholique. » Lorsqu'on publia cette
ordonnance, il y avait apparemment *recrudes-
cence* de catholicisme dans cette ville qui venait
d'être témoin du supplice infligé à deux fanati-
ques de la nouvelle religion pour avoir brisé
de saintes images dans un cimetière. L'un de
ces iconoclastes, Jean Leclerc, avait été brûlé
vif après qu'on lui eut arraché le nez, coupé les
poings et couronné la tête de plusieurs cercles
de fer rougis au feu, et l'autre, maître Jacques
qui par parenthèse était imprimeur et libraire,
avait été mis au pilori d'où il put voir l'exécution
de son complice, puis barbotté dans un égout
par les valets du bourreau, mutilé des deux
oreilles et chassé de la ville. Quoi qu'il en
soit, la différence de peine entre les propagateurs de l'hérésie et ceux qui, par l'introduction ou la vente des livres hérétiques, étaient
les instruments de cette propagation, a quelque chose de remarquable pour le temps, et

(1) Au livre cité en la note de la page 148.

surtout comparativement à l'ordonnance publiée à Nancy, laquelle n'admettait aucune distinction.

L'ordonnance de 1523 n'est pas la seule que le gouvernement ducal ait rendue pour empêcher la propagation du protestantisme. Le Dictionnaire des ordonnances de Lorraine par Rogéville en fait connaître plusieurs autres, dont la première appartient encore au règne du duc Antoine. Elle est datée de S.-Mihiel le 13 octobre 1539. Les prédicateurs du Luthéranisme y sont menacés de la mort par le feu et de la confiscation des biens « ou aultre punition comme il sera advisé » contre ceux qui seraient repris pour la première fois. Il y est interdit à qui que ce soit, sous peine de punition corporelle, d'acheter et de tenir dans sa maison aucun livre ou écrit de la secte luthérienne, et enjoint à ceux qui en ont de les brûler. La vente, l'achat et la possession de la bible, ancien ou nouveau testament, « *en françois, en quelque volume que ce soit et de quelconque impression* » sont prohibés sous la même peine et sous celle d'amende, avec prime d'un dixième au dénonciateur. Défense aux hôteliers de tenir, avec leurs hôtes étrangers ou gens du pays, *propos paroles ou devis* des articles de la foi catholique, avec injonction de dénoncer ce qui serait dit chez eux contre l'honneur de Dieu, des saints sacrements et les commandements de l'Eglise. Toute assemblée dans les maisons particulières, pour y lire, réciter ou discuter sur des matières concernant *la foi et l'estat de l'Eglise* est prohibée. Telles sont les principales dispositions de cette ordonnance, et on les trouve, suivant Rogéville, à peu près reproduites dans celle que rendit dans le même but le duc François 1er, le 24 septembre 1544.

L'année suivante, le même jour 24 septembre, Christienne de Danemarck duchesse douairière de Lorraine et Nicolas de Lorraine, administrateur perpétuel des évêchés de Metz et de Verdun. et tuteur de Charles III, signalèrent leur zèle pour la religion catholique, par une quatrième ordonnance où les mêmes prohibitions sont renouvelées, mais avec des différences dans la pénalité. Les faits incriminés y sont énumérés avec plus de détails et rangés en trois catégories. Ceux qui tendent à propager l'hérésie sont punis de confiscation de corps et de biens; ceux auxquels s'attache le soupçon d'adhésion aux nouvelles doctrines, tels que l'infraction des commandements de l'Eglise, entraînent des confiscations de biens et des amendes à arbitrer par les juges selon la gravité du délit. Et par une distinction analogue à celle que j'ai signalée dans la législation Messine, la peine encourue par tous *marchands ou aultres, allans ou fréquentans par pays*. qui y auraient acheté et en auraient rapporté des livres luthériens, les auraient donnés, prêtés ou délivrés, est la confiscation de moitié de leurs biens. Dans le cas où la valeur de ces biens serait au-dessous de cent francs, confiscation totale et bannissement. La leçon était dure pour des gens auxquels la loi semblait supposer l'ignorance de ce que ces livres contenaient, mais au moins pouvaient-ils en profiter pour l'avenir, grâce à ce qu'on leur épargnait la confiscation de corps. Il est du reste à croire que l'importation en Lorraine, des produits quelconques de la presse, fut très bornée sous l'empire de cette législation, ou au moins jusqu'à ce qu'elle tombat en désuétude.

L'exécution de l'ordonnance du 24 septembre 1545 est expressément recommandée à tous officiers et justiciers des états du duc de Lorraine, avec menaces de destitution et de confiscation de moitié de leurs biens *s'ils y sont trouvés négligeans ou refusans.* Il leur est encore enjoint de veiller à ce que les *personnes suspectes ou ja suspicionnées de ladicte secte luthérienne* ne vendent leurs biens pour sortir du pays, *où ne leur est souffert vivre à leur souhait et désordonné plaisir.* De telles ventes sont déclarées nulles par cette ordonnance; les biens qui en sont l'objet frappés de confiscation, et ceux qui les ont achetés, débiteurs des deniers déboursés par eux ou passibles d'une amende arbitraire « si par quelque intelligence ou collusion, » afin de conserver ces biens à tels fugitifs, ils » n'en ont donné aucun deniers. »

Telles ont été, dans l'intervalle que ce chapitre embrasse, c'est-à-dire, de 1521 à 1551 les mesures prises par l'autorité ducale, pour empêcher l'introduction et la diffusion en Lorraine des doctrines de la Réformation, et elles le furent de concert avec la noblesse et le haut clergé qui, sans nul doute, en secondèrent l'exécution.

C'était au surplus la haute noblesse qui, dans le
Barrois jusqu'en 1571, et, en Lorraine jusqu'en
1654, rendait la justice, souvent en premier et
toujours en dernier ressort. Leur rigueur fut implicitement adoucie par d'autres ordonnances
rendues sous les règnes de Charles III et de Henry
II, et il fut surtout dérogé à l'édit du 24 septembre 1545 en ce qui concernait les émigrants
pour cause de religion. On comprit peut-être
qu'il y avait tyrannie à empêcher les protestants de fuir un pays où ils étaient persé-
cutés à cause de leur croyance. En tout cas
une politique, plus humaine et plus clair-
voyante que celle de Christienne de Danemarck et de Nicolas de Vaudémont, vit dans la
liberté qu'on leur donnerait d'émigrer, sans risque de perdre tout ce qu'ils possédaient, un moyen
expéditif de se débarasser d'eux ; et en 1572, le
14 septembre, il fut enjoint à toutes personnes
qui contreviendraient à la défense d'assister aux
prêches, assemblées, conventicules publics ou
particuliers de la religion prétendue réformée, et
voudraient persévérer dans l'exercice de cette
religion, de quitter incontinent le pays eux et
leur famille, de vendre leurs biens et d'en faire
profit dans le délai d'un an, passé lequel ces
biens seraient incorporés au domaine du Prince.
Il est vrai que plus tard les dispositions de cette
ordonnance furent modifiées (1) sous l'influence
de circonstances plus ou moins défavorables

(1) Ordonnances du 17 décembre 1585, 22 mars 1587 et 23
octobre 1595 (sous Charles III) et du 22 janvier 1617, (sous le
duc Henry).

aux religionnaires; mais la pensée qui les avait dictées persista, et on peut dire qu'à compter de 1572, leur expulsion du pays et de temps à autre le séquestre de leurs immeubles furent à peu près les seuls rigueurs decrétées contre eux par l'autorité ducale. Delà à la tolérance il y a fort loin assurément, mais où était la tolérance au seizième et au dix-septième siècle ? il faut le demander aux protestants bannis de France en 1685, par la révocation de l'édit de Nantes. Certes, on peut quasi glorifier notre duc Charles III d'avoir rendu l'ordonnance dont il vient d'être question, vingt jours après le massacre de la St.-Barthélemy.

Quoi qu'il en soit, il est à remarquer que sous les règnes d'Antoine, de François 1er et de Charles III, c'est-à-dire, dans un intervalle de cent ans dont le seizième siècle fournit à lui seul les neuf dixièmes, le duché de Lorraine a joui constamment d'une paix intérieure qui contrastait avec l'agitation des états voisins, où les progrès du protestantisme avaient rompu l'unité de croyance religieuse : j'ai dit à quel prix. Ce n'est point un exemple à proposer, mais c'est un fait à reconnaître; et au temps où nous sommes, dans l'état actuel des esprits plus portés au scepticisme et à l'indifférence en matière de religion, qu'à la foi vive et intolérante de nos pères on peut le constater sans inconvénient. Ce résultat au reste, comme la plupart de ceux auxquels on parvient en politique, tient peut-être moins à l'efficacité des mesures adoptées par le gonvernement ducal qu'à la persévérance avec lequel il les maintint ; et je ne voudrais pas nier qu'il n'eût obtenu un succès tout aussi complet par une égale persistance dans le système opposé, si toutefois on me prouvait qu'au seizième siècle l'exécution d'un tel système était possible en Lorraine.

Quelle fut sur l'imprimerie lorraine l'influence de ces mesures, ou plutôt des événements qui les firent adopter en 1523 et en déterminèrent le maintien pendant tant d'années ? A cette question, je crois qu'on peut répondre avec certitude que, dans l'état de marasme qui tenait à ses conditions d'existence, et que des causes extérieures avaient récemment aggravé, la presse lorraine ne s'en ressentit guère que par un passage plus rapide de l'agonie au néant. Si l'imprimerie eût été dans notre pays ce qu'à cette époque elle était en France et en Allemagne, active et florissante, si on eût pu craindre qu'elle aidât aux réformateurs, en réimprimant les écrits polémiques de Luther et de ses disciples, et surtout ces pamphlets par lesquels leur cause acquit une si grande popularité, certes les intérêts menacés étaient assez puissants pour qu'il ne leur fût pas difficile de briser cet instrument d'innovations. Un acte spécial de l'autorité souveraine, un mandement ducal y aurait pourvu, supposé toutefois, qu'assuré par avance de l'approbation des états, le prince n'eût pas cru plus simple et plus conforme à sa dignité de laisser ce soin à quelque officier de police. C'est, sans

doute, par un motif analogue que, dans l'ordon-
dance rendue au mois d'août 1525 par les
magistrats de Metz, on ne rencontre aucune
prohibition concernant les imprimeurs de cette
cité. Le fait d'imprimer un livre d'hérésie
n'était-il pas *à fortiori* prévu par la loi qui en
prohibait la simple possession, punie de confiscation de biens quand elle ne l'était pas en même
temps de confiscation de corps ? Le devoir du
Prévot chargé, comme on disait alors, *de la ma-
nutention, de l'accomplissement et de la perfection* des ordonnances sur le fait d'hérésie, ne
l'autorisait-il pas, suivant les idées de légalité
qu'on avait en ce temps-là et qui persistèrent
jusqu'à nos jours, à saisir, par mesure préventive
et sans autre forme de procès, le matériel d'une
imprimerie suspecte et à le faire briser par ses
gens ?

Mais, je le répète, on n'eut pas à sévir contre
la typographie lorraine, on n'eut pas même
à se défier d'elle. A peu près expirante en 1523, on
la laissa mourir. Seulement il est à croire que si
elle eût tenté de se relever, et surtout si, dans l'intervalle de 1528 à 1551, un imprimeur eût voulu
s'établir dans les duchés de Lorraine et de Bar,
l'autorité y aurait mis empêchement. Et longtemps encore après cette dernière date, indiquée
par moi parce qu'elle est celle où s'arrête ce
chapitre, les premières presses qui y fonctionnè-
rent appartenaient à l'imprimerie ducale.

Il sera question de ces presses ultérieurement.
C'est à Toul d'abord, puis à Verdun que je vais

maintenant suivre les traces de la typographie dans notre contrée.

L'intervalle que ce chapitre embrasse sera rapidement parcouru; car aucun produit typographique,antérieur à 1551, ne vient témoigner de l'existence d'une imprimerie établie à Toul, et c'est toujours la librairie de Paris qui fournit de livres de liturgie les églises du diocèse. Même carence pour Verdun, où la typographie paraît cependant s'être introduite quelques années plus tôt. Voici ce que nous apprend à ce sujet M. Teissier, dans ses *Notices sommaires sur les premiers temps de l'imprimerie dans les villes voisines de Metz* (1).

« L'établissement de la typographie a été
» tardif à Verdun; pendant un siècle, on fit im-
» primer au dehors les livres liturgiques de ce
» diocèse... Nicolas Bacquenois, imprimeur à
» Reims, vint s'établir à Verdun, à la demande
» de l'évêque Nicolas de Lorraine. »

M. Teissier n'indique pas la date de cet établissement, mais je vais tâcher d'y suppléer. Nicolas de Lorraine était devenu,en 1542,évêque de Verdun par la résignation du cardinal Jean de Lorraine, son oncle; c'est ce même prince , fils puîné du duc Antoine, qui après la mort de François 1er,son frère,fut appelé à la tutelle du jeune Charles III,et dont nous avons vu le nom tout à l'heure avec celui de Christienne de Danemarck,en tête de l'ordonnance du 24 septembre 1545. On l'appelle encore Nicolas de Vau-

<hr>

(1) A la fin de l'Essai philologique déjà cité.

démont, et plus tard il prit le titre de duc de
Mercœur. Or Nicolas de Lorraine « qui ne se
» croyait pas appelé de Dieu à l'état ecclésiasti-
» que » j'emprunte ici les termes du chanoine
Roussel, auteur de l'Histoire ecclésiastique et civile de Verdun, (1) « voulut mettre sa conscien-
» ce en repos en renonçant à tous ces bénéfices.
» Il remit les évêchés de Metz et de Verdun au
» Cardinal Jean de Lorraine son oncle qui s'en
» était réservé le regrez (2) et les fruits. Ce car-

(1) Paris 1745, 1 vol. in-4°.

(2) *Regressus*, droit de retour en cas de décès ou démission du
cessionnaire.

Jean de Lorraine, fils du duc René II et de Philippe de Gueldres, était né en 1498. Il fut pourvu de l'évêché de Metz,
dont il prit possession en 1505, n'ayant pas encore 7 ans
accomplis, de l'évêché de Toul en 1517 et en 1523 de celui de
Verdun. Bien différent de Nicolas de Lorraine, son neveu, il se
croyait, lui, bien et dûment *appelé de Dieu à l'état ecclésiastique*,
car indépendamment de ces trois évêchés dont il était le premier
pasteur en même temps que le chef temporel, il eut l'archevêché
de Narbonne, puis ceux de Lyon, de Reims et de Valence, les
évêchés de Luçon, de Térouanne et d'Alby avec les riches abbayes
de Gorze, de Fécamp, de Cluny et de Marmoutier. Quelle
charge d'âmes, grand Dieu ! Tout autre qu'un ecclésiastique
de maison princière eût succombé sous le poids de cet immense
fardeau, mais Jean de Lorraine sut le porter très-légèrement. On
le vit résigner successivement l'évêché de Toul, *reservatis omnibus fructibus et regressu*, à Hector d'Ali, à Antoine de Pélegrin
et à Toussain d'Hocédy. A Metz il eut pour résignataire, aux
mêmes conditions, Nicolas de Lorraine, son neveu et après celui-ci
Charles de Guise qui, après la mort du cardinal Jean, lui succéda
dans ses biens et dans le titre de cardinal de Lorraine ; à Verdun, le même Nicolas de Lorraine, puis Nicolas Psaume. On peut
tenir pour certain que ses autres diocèses et ses abbayes ne l'em-
barrassèrent pas davantage.

Il est cependant juste de reconnaître que si la discipline ecclésiastique des trois diocèses de Metz, Toul et Verdun dut souffrir
de cet état de choses, la réunion dans la maison de Lorraine de la
souveraineté ducale et de celle des Trois Evêchés fut un gage de
paix et de tranquillité intérieure pour toute la contrée, si souvent

» dinal prit possession, pour la seconde fois, en
» 1548 de celui de Verdun. La même année,il le
» permuta avec Nicolas Psaume, abbé de Saint-
» Paul aux mêmes conditions ».

L'établissement de Bacquenois à Verdun eut
donc lieu de 1542 à 1548. Il est peu probable
que ses presses y soient restées inactives, cependant on n'en connaît aucun produit antérieur à
1560; et il est à remarquer qu'en 1554 l'évêque
Psaume faisait encore imprimer à Paris un Missel et un Manuel des curés(1)à l'usage de l'Eglise
de Verdun. Cette date du premier livre qui soit
sorti des presses Verdunoises (soit dit ainsi
jusqu'à plus ample informé) ne me permet pas
d'en dire davantage en ce chapitre. Il en sera
question au chapitre III.

Le même motif existe pour le Missel imprimé
à Toul en 1551,et dont l'apparition fut,en quelque sorte, le signal d'une ère nouvelle pour la
typographie de cette contrée.

troublée dans les siècles précédents par les querelles de nos princes
et des évêques, dont le territoire était enclavé par morcellements
dans le duché de Lorraine.

(1) Sous le titre de *Institutio catholica.* V. ma Notice sur les livres liturgiques des diocèses de Toul et de Verdun.

CHAPITRE III.

—

—

Renaissance de l'imprimerie dans la contrée que parcourent
ces recherches. Ses travaux à Toul, puis à Verdun, à
Nancy, à Pont-à-Mousson.

Missale ad insignis ecclesiæ Tullensis con-
suetudinem nunc demum locupletatum et auctum
Accessit enim huic postremæ æditioni præter
egregiâ. Reuerendissimi in Christo patris et
domini Domini Toussani, Episcopi et Comitis
Tullensis, in sacrosancti sacrificii elucidationem
auctarium quoddam non pœnitendum. — Ve-
neunt Tulli in œdibus Jacobi Daulnois in
platea sancti Gengulphi. 1551. A la fin. Tulli ex
officina Joannis Palier Junioris, 1551, in folio.
C'est par la publication de ce Missel à l'usage
de Toul que se manifesta la renaissance de la
typographie dans la contrée où son origine et
ses premiers travaux ont été l'objet de mes
recherches, et où je vais suivre ses traces, qui
longtemps encore ne se montreront que de loin
en loin. A cette date de 1551, Toul possédait dans
ses murs une imprimerie. Jean Palier le jeune,
qu'il ne faut pas confondre avec l'éditeur de la
Rusticiade, y avait transporté ses presses; et c'est
à ce typographe, qui dans les années précédentes
imprimait à Metz un bréviaire et un Rituel, à
l'usage du diocèse dont cette cité est le siége

épiscopal (1), que l'église de Toul est redevable du premier missel imprimé à Toul. Il est à
croire qu'il avait été appelé dans cette dernière
ville par l'évêque Toussain d'Hocédy , sous
l'épiscopat duquel a paru cet important livre
liturgique.

Le volume est, comme je l'ai dit, de format
petit in-folio. Il contient, outre le titre en caractères romains, placé dans un encadrement d'arabesques et marqué des armes de Toussain
d'Hocédy gravées en bois, 41 autres feuillets
préliminaires non chiffrés, dont les quatre premiers sont en caractères romains; viennent
ensuite le calendrier et une table qui, comme tout
le reste du volume, sont en gothique. Le texte
est divisé en quatre parties, dont chacune occupe
une série de feuillets chiffrés et signaturés séparément. Il y a pour la première 170 ff sign.
A—XIII (maj. goth.) pour la seconde 56 ff sign.
a — g III, pour la troisième 46 ff sign. A—E
IIII (maj. goth.) enfin pour la dernière 22 ff.
sign. A.A—CCIII (maj. rom.) Chaque page de
ces quatre parties est à 2 colonnes de 42 lignes
chacune, à l'exception du canon de la messe où
les pages sans plain-chant n'en ont que 21.
Dans la première partie du volume, dont l'impression en lettres rouges et noires est assez
belle, mais généralement pâle, on voit entremêlées au texte un nombre remarquable de lettres
grises et de gravures en bois, de dimensions
inégales et la plupart d'une exécution très-mé-

<hr>

(1) Teissier. Essai philologique... p 42.

diocre. Plusieurs fautes de pagination (1) qu'avec un peu de soin on eût facilement évitées, font suspecter la correction du texte. Ce missel n'est pas très-rare, et dans la seule ville de Nancy, j'en connais plusieurs exemplaires.

L'imprimerie de Jean Palier le jeune était-elle établie à demeure dans la ville de Toul, ou bien ce typographe ne fit-il qu'y transporter momentanément une partie de son matériel pour l'impression du Missel de Toussain d'Hocédy? Dans cette dernière hypothèse, la ville de Toul n'aurait encore, en 1551, comme au temps de Pierre Jacobi, possédé dans ses murs qu'une typographie d'emprunt. Ce qui pourrait tout au moins le faire conjecturer, c'est que la demeure de Jacques d'Aulnois, où se vendait le missel en question, est soigneusement indiquée par ces mots, au bas du titre, *in platea sancti Gengulphi*, tandis qu'on s'est borné à mettre à la fin du volume *Tulli ex officina joannis Palier*, comme s'il était sans utilité d'indiquer, avec plus de détails, la maison où les presses de l'imprimeur messin avaient momentanément fonctionné, dans le seul but de pourvoir d'un missel les paroisses du diocèse de Toul. Ajoutons que huit ans après un libraire de Paris, Guillaume Merlin, faisait réimprimer avec une dédicace à Toussain d'Hocédy, le Manuel du sacerdoce dont ce diocèse était redevable aux soins de Hugues des Hazards. (2) *Præsens Manuale, jam olim per*

<hr>

(1) V. pour plus amples détails, Notice sur les livres liturgiques des églises de Toul et de Verdun.

(2) *Manuale seu officinarium sacerdotum ad usum ecclesiæ et*

*quondam fœlicis memoriæ dominum **Hugonem** de **Hazardis** predecessorem tuum, correctum,* dit l'Editeur au prélat, *de novo excudere curavi.*

Cependant je m'abstiendrai d'émettre une opinion jusqu'à la rencontre de quelque autre livre imprimé par Jean Palier le jeune, soit à Toul, soit à Metz, postérieurement à 1551. On comprend que dans l'un ou l'autre cas, ce serait un fait dout on pourrait arguer avec certitude. En attendant, je dois dire qu'il n'existe, à ma connaissance, aucun livre imprimé à Toul, dans le demi-siècle qui s'écoula depuis la publication du Missel de Toussain d'Hocedy. C'est au commencement du XVIIe siècle seulement que reparaît la typographie touloise, supposé que ce ne soit pas de cette époque tardive que date sa première et véritable apparition.

Retournons à Verdun où plusieurs monuments successifs constatent, à compter de 1560, l'existence et la permanence de l'industrie typographique. J'ai, d'après M. Teissier, parlé de l'établissement de Nicolas Bacquenois dans cette ville, et c'est encore en m'aidant de ses recherches, que je vais indiquer les travaux de cet imprimeur: *Breviarium secundum usum insignis ecclesiæ virdunensis.... authoritate et mandato **R.** in Christo patris Domini **D.** Nicolai Psalmaei, episcopi et comitis Virdunensis meritissimi. Virdunis excudebat Nicolaus Bacnetius*

diocesis Tullensis. Parisiis apud Guillelmum M e r lin 1559 *in-*4. Goth. La souscription porte *Excussum Parisiis industriæ typis joannis Albi typographi pro Guillelmo Merlin.*V. Notice sur les livres liturgiques de Toul et de Verdun.

dicti R. ep. typographus. 1560, 2 parties in–8°
ajoute M. Teissier sans autre détails.

Le Missel et le Rituel de Nicolas Psaume, à
qui l'épithète superlative de *meritissimus* et
celle de *pastor vigilantissimus* (1) pouvaient être
données sans nulle flatterie, avaient été imprimés
à Paris en 1554 (2).

« Nicolas Bacquenois» dit M. Teissier «étant
« devenu receveur des domaines de l'évêque
» Psaume, dédia à ce prélat un petit tarif des
» monnaies ayant cours en Lorraine. On remar-
» que, en tête des ouvrages sortis des presses de
» cet imprimeur, des préfaces judicieuses qui
» sont son ouvrage et qui décèlent un esprit
» cultivé. »

J'ai dit, à la fin du chapitre précédent, que s'il
était certain que Bacquenois se fût établi à Verdun à la demande de l'évêque Nicolas de Lorraine, ainsi que l'avance M. Teissier, il faudrait
fixer son établissement dans l'intervalle de 1542
à 1548, époque où ce prélat eut pour successeur
Nicolas Psaume. Cependant le bréviaire de 1560
est jusqu'à présent le premier produit connu de
ses presses. Peut-être devra–t-il ultérieurement,
par suite de quelque découverte bibliographique,
céder la primauté de date à d'autres publications.
Dom Calmet (3) et le chanoine Roussel citent
deux ouvrages de l'évêque Psaume, qui proba-

(1) Elle lui est donnée par l'éditeur du Missel.
(2) Ils sont tous deux décrits dans ma Notice sur les livres liturgiques de Toul et de Verdun.
(3) Biblioth. Lorraine au mot *Psaume.* - Hist. civ. et ecclés.
de Verdun, page 466.

blement ont été confiés aux presses de Bacquenois. L'un est une *Exposition de la messe* imprimée en 1554. L'autre, une édition des canons
du concile provincial de Trèves qui, au dire de ces
deux historiens, a paru dès 1548; mais comment
concilier cette assertion avec celle du P. Hugo,
auteur d'une vie de Psaume, et suivant lequel
la promulgation de ces canons, nécessairement
antérieure à leur impression, n'eut lieu qu'à
la date du 15 mai 1549 ? (1) Quoi qu'il en soit,
jusqu'à la rencontre de ces deux ouvrages, ou
leur citation par quelque bibliographe accré-
dité, je me borne à les citer ici pour mémoire. Il
est, comme je l'ai dit, probable qu'il ont été imprimés à Verdun et que la publication des canons du concile de Trèves est de 1549, date qu'il
faut substituer à celle indiquée par D. Calmet
et par Roussel; mais probabilité n'est pas preuve,
et j'ai pour principe de n'admettre en bibliographie que des faits positifs, vérifiés par moi-
même ou attestés par des écrivains d'une exactitude reconnue. Tel n'était pas, il faut bien le
dire, Dom Calmet dont la *Bibliothèque Lorraine*, si intéressante d'ailleurs pour l'histoire
littéraire de notre pays, est, sous le rapport
bibliographique, un ouvrage des plus médiocres.
A voir les notions vagues, trop souvent inexactes,
et quelquefois contradictoires que sa plume
laisse échapper négligemment, le savant abbé de
Senones semble avoir ignoré le secours que la
bibliographie, science positive, prête à l'his-

(1) Sacræ antiquitatis monumenta. Tome I (en la préface).

toire litteraire, dont on peut dire sans exagération qu'elle est le flambeau.

Le bréviaire de 1560 est sans doute imprimé en lettres romaines comme les autres livres qui, dans les années subséquentes, sont sortis des presses de Nicolas Bacquenois, à Verdun. L'époque où il parut est celle où la typographie renonça généralement en France à l'usage du caractère gothique qui déjà, depuis une quinzaine d'années. n'était plus guère employé que pour l'impression des livres de liturgie. Le succès toujours croissant des belles éditions en lettres rondes, publiées successivement par Simon de Colines, Robert Estienne et Michel Vascosan, l'avait fait exclure des publications littéraires et historiques, puis de la jurisprudence; mais il avait tenu bon dans les Missels, les Bréviaires, les Rituels et les livres d'Heures. C'était là le dernier retranchement du gothique, et jusqu'alors on avait en vain tenté de l'y forcer. Mais vers 1560, ce caractère fut généralement abandonné par la typographie française. Son temps était passé. La révolution qui, sous le règne de François 1er, s'était opérée dans les arts du dessin, dut nécessairement étendre son influence sur l'imprimerie qui leur emprunte les ornements de ses plus belles productions. Aux formes roides et anguleuses de la lettre gothique succédèrent les contours arrondis du caractère romain, comme dans les édifices, le plein cintre prit la place qu'occupait précédemment l'ogive. Cependant quelques imprimeurs de Paris, fidèles au caractère gothique persistèrent à l'employer et c'est encore dans des livres de liturgie, tels que le *Manuale Sacerdotum* du diocèse de Paris, imprimé en 1574 (1) par Jacques Kerver, qu'on le retrouve à une époque plus avancée du XVIe siècle. Et même plus tard, des villes de province, où sans doute les imprimeurs, moins occupés qu'à Paris, devaient être moins empressés de renouveler leurs casses, virent paraître des Heures gothiques. Telles sont entre autres les Heures imprimées à Troyes par Jean Lecoq en 1583 (1) : le lecteur comprendra pourquoi je les cite de préférence à d'autres publications exceptionnelles du même genre, faites en province et mentionnées dans des catalogues, en apprenant que ces Heures publiées dans une ville peu distante de la Lorraine sont à l'usage de Toul (2).

En 1564 Bacquenois mit au jour trois volumes qu'on rencontre ordinairement réunis et qui, selon toutes les probabilités, ont paru ensemble, savoir :

1° *Canones et decreta sacrosancti œcvmenici et generalis concilii Tridentini quœ antea sparsim et absque ullo ordine, prout occurrebant negotia, fuere diuersis temporibus proposita sub Paulo III, Jvlio III et Pio IIII, Pontificibvs max. Nunc primum revocata in artem*

(1) Chevillier. Origine de l'imprimerie de Paris, p. 106. Un catalogue publié en 1842 par le libraire Téchener cite un exemplaire de ce Manuel daté de 1587. On en avait peut-être renouvelé le titre.

(2) Leur description *de visu* termine ma Notice sur les livres liturgiques de Toul et de Verdun.

et ordinem et in rubricas certaque capita con-
uenienti methodo digesta... additus est et sub
finem index... auctore reuerendo in Christo
Patre D. D. N. Psalmeo Episcopo, Comite
Virdunensi... Virduni, apud N. Bacnetium
ejusdem R. Episcopi..... typographum. 1564.
pet. in-4°. 4 ff. prélim. contenant avec le titre,
une dédicace au cardinal de Lorraine, archevê-
que de Reims; 238 pp. de texte; 3 ff. non chiffrés
pour l'index et un feuillet blanc.

Dans cette édition les canons et décrets du
concile de Trente sont disposés dans l'ordre des
matières, au lieu de l'ordre chronologique qui avait
été suivi dans les éditions précédentes. On sait
que Psaume était un des pères de ce concile (1).

2° *Constitutiones editæ in synodo Virduni*
celebratæ per R. P. D. Nicolaum Episcopum...
Anno Domini 1564.... *Virduni excudebat N.*
Bacnetius... 1564, pet. in-4°, 8 ff. non chiffrés
dont le dernier est blanc.

3° *Forma Precationum pro tribvlatione*
Ecclesiæ et populi, quam in Diœcesi et comi-
tatu Virdunensi vult obseruari in suplpica-
tionibus (sic) *generalibus R. N. Psalmœus*
Episcopus... Virdunensis. Virdunis apud N.
Bacnetium 1564, pet. in-4. 12 ff. non chiffrés,
titre compris, sign. A—B 4, caractères rouges

(1) C'est à lui qu'un évêque Italien mécontent d'un discours
où Psaulme s'élevant avec force contre l'usage des bénéfices en
commande, adressa cette apostrophe : *Gallus Cantat.* A quoi notre
Prélat repartit aussitôt: *Utinam isto gallicinio ad recipiscentiam*
et fletum revocetur Petrus. Vie de N. Psaulme, par le P. Hugo.

et noirs. Les titres de cet opuscule et du précédent portent l'écu de N. Psaume avec la devise : *Si Deus pro nobis quis contra nos ?*

Dom Calmet cite deux autres ouvrages de Psaume dont l'un, publié à Verdun sous le titre de *Préservatif contre le changement de religion,* et de format in-8, avait précédé d'un an l'édition du concile de Trente, et l'autre, intitulé *Portrait de l'Eglise,* est dédié au Cardinal de Lorraine. La publication de ce dernier paraît avoir eu lieu en 1574, année qui précéda la mort de notre illustre prélat. Il est probable que tous les deux sont sortis des presses de N. Bacquenois.

« Le second imprimeur de Verdun, continue
» M. Tessier, fut Martin Marchant, (Mercator),
» qui a publié, en 1573, une édition classique des
» distiques de Caton, et qui s'établit ensuite à
» Pont-à-Mousson. Le baron Marchant, de Metz,
» l'un de nos numismates les plus connus, (1)
» appartient à cette famille qui probablement
» n'est pas étrangère au célèbre géographe Mer-
» cator, contemporain de l'imprimeur de Ver-
» dun. »

Laissons Martin Marchant à Verdun où nous le retrouverons encore après ses premières publications à Pont-à-Mousson. Nancy va maintenant paraître dans l'arène de la typographie, et payer à l'art de Guttemberg son premier et tardif tribut.

C'est seulement à la date de 1572 qu'après

(1) Mort en 1833.

de longues et infructueuses recherches, je trouve
pour la première fois, dans la capitale du duché
de Lorraine un imprimeur établi et exerçant sa
profession pour son propre compte. Depuis plusieurs années, et dans le but de donner à ses ordonnances une plus grande publicité, le gouvernement ducal les faisait imprimer en placards. Mais,
soit que, par un reste de défiance envers l'industrie
typographique, Charles III ne voulût pas en encourager l'etablissement dans ses Etats, soit par
tout autre motif, ce prince avait près de lui une
imprimerie dont les travaux étaient subordonnés à ses ordres et aux besoins de son gouvernement. Dominique Faber, père du célèbre
typographe Messin, était le directeur de cette
imprimerie ducale (1), à laquelle il faut, je crois,

(1) M. Tessier est aussi d'avis « que Dominique Faber n'était
» pas propriétaire à Nancy d'une imprimerie ouverte au public
» et pour l'usage de tous, mais qu'il était le chef d'une exploita-
» tion au compte du Gouvernement, et dont les travaux étaient
» subordonnés aux ordres ou aux besoins de son prince. » Ce mot
exploitation, suppose toutefois une entreprise dont les travaux ne
devaient pas se borner à l'impression des ordonnances ducales, et
l'on peut croire que, dans la pensée de M. Tessier, Faber était
l'agent principal d'une sorte de monopole de l'imprimerie, exercée
par le duc de Lorraine dans ses Etats. Cette opinion n'est pas
dénuée de vraisemblance ; car, au moyen d'un tel monopole, état
de choses intermédiaire entre la prohibition absolue d'une industrie et son libre exercice, le Gouvernement n'ayant rien à redouter
de l'imprimerie, rien n'empêchait plus qu'elle fût introduite en
Lorraine où les besoins de la civilisation la rendaient de jour en
jour plus nécessaire. Mais il n'existe aucun vestige *littéraire* d'un
établissement de ce genre. Avant 1572, l'existence d'une imprimerie ducale n'est révélée que par des placards, et à compter de
cette époque, le nom du typographe inscrit sur les livres imprimés par lui, indique plutôt une industrie particulière, brevetée
par le duc, et probablement surveillée dans ses travaux, qu'une
exploitation pour le compte du Gouvernement

rapporter la première publication de ces ordonnances de Charles III, antérieures à 1572, dont
les éditions originales qui se rencontrent si ra-
rement, ne portent pas de nom d'imprimeur et
n'ont d'autre date que celle de l'ordonnance
même (1).

Le nom du premier imprimeur établi à
Nancy, se rencontre sur un petit volume (2)
très-rare qui, du reste, pourrait bien être
que la rémpression d'un recueil poétique
déjà publié en France. C'est *Le Parnasse
des poëtes françois modernes, contenant leurs
plus riches et graues Sentences ; Discours ,
Descriptions et doctes enseignemens. Recueillies* (sic) *par feu Gilles Corrozet Parisien. A
Nancy, Par I. Ienson, Jmprimeur de Monseigneur le duc de Lorraine,etc.* 1572.Un vol.
petit in-8° de 93 ff. dont 7 pour les pièces
liminaires contiennent le titre ci-dessus, orné
d'un fleuron gravé en bois, une dédicace de Corrozet aux poëtes français, une ode et deux sonnets, les noms des poëtes dont les sentences ont
été recueillies,enfin une approbation de deux doc-
teurs de la faculté de théologie de Paris, datée de

(1) Je citerai,pour exemple,un placard original,que j'ai sous les
yeux,de l'Ordonnance rendue le premier février 1571,(vieux style)
afin de remédier aux abus resultant du colportage exercé en Lorraine, par des merciers étrangers, ordonnance qui, par sa date,
paraît être une des dernières sorties de l'imprimerie ducale.
(2) Ce rare volume provenant de la vente des livres de M. A.
Audenet (N° 250 de son catal. Paris, Téchener 1830), est passé
dans la bibliothèque d'un magistrat de Nancy, M. Gillet, dont
l'obligeante amitié m'a mis à même d'en donner une exacte
description.

1572. Les premiers feuillets du texte sont cotés de 1 à 8, puis commence une pagination qui va de 17 à 100, et recommence de 1 à 76. Ce monument de la renaissance de la typographie dans le duché de Lorraine est fort mal exécuté et paraît être le premier essai d'un imprimeur dont les presses n'ont encore produit que des feuilles volantes.

Il est à présumer que c'est vers cette époque que Dominique Faber se retira à Metz, où il conserva la pension que lui faisait Charles III, avec le titre de maître ou de directeur de l'imprimerie ducale et la survivance de cette sinécure pour Abraham Faber son fils, dont les premiers travaux typographiques, exécutés à Metz, datent de 1587.

Je ne sache pas qu'on ait retrouvé d'autres vestiges de l'imprimerie de Jean Jenson, si ce n'est des placards d'ordonnances au bas desquels il a mis son nom. En 1581, il était décédé, comme le témoignent les deux volumes ci-après, imprimés par sa veuve. Je ne puis donner sur le premier d'autres détails que ceux que M. Brunet a consignés dans la dernière édition du Manuel du libraire.

Fronton-du-Duc. — L'Histoire tragique de la pucelle de Dom Remy, autrement d'Orléans, nouvellement répartie par actes. Nancy, veuve de J. Jenson 1581, in-4°. « Rare. J. Barnet, » éditeur de cette pièce, ayant signé l'épître

<hr>

(1) Tessier. Essai philologique, pp. 46—49.

» dédicatoire, on lui a faussement attribué l'ou_
vrage. »

L'abbé Bexon mentionne Fronton-du-Duc dans
sa notice des hommes illustres, des savants et des
artistes Lorrains (1), et nous apprend qu'il était
professeur en l'université de Pont-à-Mousson,
et que sa pièce fut pompeusement représentée
devant le Duc Charles III. « Le P. Abram,
» ajoute-t-il, remarque que le poëte avait un ha-
» bit fort déchiré, et que le prince, en lui don-
» nant une bourse d'or, lui dit agréablement : ce
» sera pour vous acheter un pourpoint. » Encore
aujourd'hui la bourse d'or viendrait fort à propos
pour plus d'un favori de Melpomène, mais elle
ne lui serait tout à fait agréable qu'autant que le
donateur s'épargnerait le soin de lui en indiquer l'emploi le plus urgent.

Au reste, il est bon de dire que l'abbé Bexon
a arrangé cette anecdote à sa manière. Voici
comment elle est racontée par le P. Abram dans
l'histoire de l'université de Pont-à-Mousson,
supposé toutefois que son traducteur pseudonyme
Murigothus (2) n'ait pas été sciemment infidèle.
« Henri III de France et la reine Louise, son
» épouse, ayant résolu de venir au mois de mai

(1) A la suite de son Histoire de Lorraine.
(2) Le manuscrit autographe de cette traduction, restée inédite
de même que l'ouvrage original, se trouve à la bibliothèque publique de Nancy. J'ai vu de la même main une version du voyage
en Suisse de Dom Calmet, par Don Fangé. (Diarium helveticum
Rev. ac clar. D. D. Aug Calmet. Einsidlen 1756, in-8); Mais là
c'est *Murgotus* que se nomme le traducteur Si, comme il est
probable, le nom latin n'est que le masque transparent du français, cet écrivain devait s'appeler *Ragot* ou *Aragot*.

» 1580 prendre les eaux de Plombières, le père
» Fronton-du-Duc prépara une pièce française,
» pour être représentée à leur passage par Pont-
» à-Mousson. Il avait pris pour sujet Jeanne
» d'Arc, fille lorraine, délivrant le royaume de
» France de l'oppression des Anglais, mais la
» peste s'étant manifestée dans beaucoup d'en-
» droits de la Lorraine, rompit le projet : c'est
» pourquoi on en remit la représentation au 7
» septembre suivant, auquel jour elle fut repré-
» sentée devant les princes de la maison de Lor-
» raine, et plusieurs seigneurs et généraux de
» l'armée de France. Elle plut si fort au grand-
» duc Charles, qui avait assisté à la représenta-
» tion, qu'il ordonna qu'on délivrerait à l'auteur
» de cette tragédie, qui lui parut couvert d'une
» robe qui représentait la pauvreté évangélique,
» cent écus d'or, somme pour lors très-consi-
» dérable ; et il ordonna que pareille somme
» nous serait délivrée tous les ans, pour rhabil-
» ler trois de nos pères. Cette pièce fut à la suite
» réimprimée sans nom d'auteur. » (1)

(1) M. Weiss a donné, dans la Biographie universelle, un article
sur Fronton-du-Duc, dont la tragédie devenue très-rare n'est guère
renommée que parmi les bibliomanes. Des travaux d'un tout autre
mérite recommandent ce jésuite à la postérité, ce sont les excel-
lentes éditions que depuis, et sous le nom de Fronto Ducæus, il
a données de saint Jean-Chrysostôme, de saint Paulin, de saint
Jean-Damascène et de l'Histoire ecclésiastique de Nicéphore Ca-
lixte. Fronton était alors à Paris, bibliothécaire du collége de
Clermont. Le P. Abram, qui fait un grand éloge de son savoir,
de son ardeur pour le travail et de sa modestie, nous apprend, de
plus que M. Weiss, qu'entré dans la compagnie de Jésus au commencement de 1577, il se rendit vers la fin de cette même année
à Pont-à-Mousson où il demeura quatre ans, chargé de l'ensei-

Sonets à messeigneurs princes, Contes et autres seigneurs et gentils-hommes de Lorraine avec l'anagrame de son Altesse. Plus quelques autres anagrames, devises et semblables poésies. Le tout dédié a son Altesse par Pantaléon Thévenin, de Commercy. A Nancy, par la vefue de Jan Janson pour son fils, imprimeur de son Altesse. 1581. 26 ff. in-4° y compris le titre sur lequel sont empreintes les armes de la maison de Lorraine. Souscription. *Aprilis* 24, 1581.

Au nombre des personnages à qui des sonnets sont adressés par Pantaléon Thévenin, on voit figurer Bournon, maître des requêtes et procureur général du Barrois; Mainbourg, procureur général de Lorraine; Claude Mainbourg, son frère; Antoine et Charles Le Pois, médecins du duc Charles III. L'auteur ne s'oublie pas dans cette distribution poétique; voici un sonnet qu'il s'adresse *à luy-même sur les Estats de la Mothe, l'an* 1580.

« Des bienheureus lorrains le bénin juste prince
» Voulant, comme autrefois Alcide terrassa
» Le squadron monstrueus que Junon luy brassa,
» De vices et d'abus nettoyer sa province.

» Les autres luy font joug; le seul procès qui grince,
» A Nancy et Sammiel contre luy se dressa,
» Et de ses recroissans chefs troçonné refronça,

gnement de la rhétorique et de l'explication de l'Ecriture sainte. C'est en 1596 seulement qu'il fit profession des quatre vœux à Paris, où il mourut, dit encore le P. Abram, le 7 des calendes d'octobre 1623.

» Mesprisant acculé et la serre et la pince,

» Hercule contre l'hydre, enfin recreu et las,

» Implora le secours de son cher Yolas.

» Pour en venir à chef, ce prince en cas pareil

» Hachant et destronquant la pullullante beste,

» Vous chargea de brûler fait à fait chaque teste

» Dans la Mothe au cler feu de vostre bon
[conseil. (1) »

La Bibliothèque lorraine fait mention de Pantaléon Thévenin, mais sans rien dire de l'emploi de conseiller ou de secrétaire qu'il paraît avoir eu, au moins temporairement, auprès de Charles III. Il est aussi l'auteur d'un Commentaire sur l'hymne de la philosophie de P. de Ronsard, publié en 1582 (2), mais comme cet ouvrage n'est pas sorti des presses lorraines, ce n'est point comme produit typographique que je le mentionne ici, mais pour appeler l'attention sur la dédicace qui le précède. J'y puiserai des citations qui, je crois, ne paraîtront pas étrangères au sujet de mes recherches. Il n'y est nullement question de l'imprimerie, mais par une conséquence nécessaire, on doit s'attendre à la voir bientôt profiter des encouragements que la culture des

(1) Ce qui, traduit en prose, veut probablement dire que lors de la tenue des états du Bassigny assemblés, dans la ville de La Mothe, pour la rédaction des coutumes de ce bailliage, notre poëte fut chargé par le duc de débrouiller et *mettre à néant dans tous ses chefs* un de ces procès compliqués et vivaces qui, comme les têtes de l'hydre, renaissent de leurs troncons.

(2) L'Hymne de la philosophie de P. de Ronsard commenté par Pantaléon Thévenin, de Commercy en Lorraine, etc. A Paris pour Jean Febvrier, 1582, in 4°. Ce volume est dédié au cardinal Charles de Vaudémont et à Charles de Lorraine, évêque de Metz.

sciences et des lettres reçut en Lorraine, sous le règne de Charles III, et de l'impulsion que ce prince leur donna par l'établissement d'une université dans ses États.

Dans cette épître datée de Pont-à-Mousson, le 28 juillet 1580, Thévenin rappelle qu'il a harangué le duc de Lorraine à son arrivée à Paris en 1578 et lui a présenté un petit recueil des sonnets que ce prince *reçut de face joyeuse.* Quelques pages plus haut, après avoir célébré les vertus du même souverain, il le glorifie de ce que petit-fils (il eût été plus exact de dire petit gendre), (1) « de ce grand restaurateur des lettres » le roy François premier, aussi succède-il à ceste » véritablement royale condition sienne d'aymer » et d'approcher de soy les personnes qui fout » profession des lettres à bonnes enseignes, et par » tous les moyens du monde les chérir et honno- » rer. Voire sa table mesme, à l'exemple et imita- » tion d'iceluy, environnée de ceux qui font et » escoutent de jours en jours plusieurs graves et » beaux discours, semble proprement une aca- » démie de Platon ou, à mieux dire, une seconde » table de Salomon, où les plus doctes de chaque » nation allaient pour profiter et apprendre... » La même dédicace rappelle encore les services que ce prince a rendus aux lettres et aux scien- ces en fondant l'université de Pont-à-Mousson, « ville et cité ancienne de son domaine, jà pour » le bref temps de sa fondation tant célèbre et » fleurissant, qu'il n'y a académie en Allemaigne

(1) Charles III avait épousé Claude de France, fille de Henry II.

» ny ceste ancienne et fameuse université de
» Cologne mesme, ny en France (excepté celle
» de Paris), qu'en fréquence de bonnes leçons,
» tant en humanité et philosophie que théologie
» et loix, et affluée de disciples, tant du pays et
» du lieu que d'Allemaigne et autres régions
» circonvoisines, elle ne surmonte et désavance.
» De sorte que nous pouvons à bon droit usur-
» per ce de quoy se vantoyent les anciens latins
» *In Latium spretis Academia migrat Athenis,*
» et dire *Mousonium spretis Academia migrat*
» *Achivis....* Qu'ainsi soit, la ville du Pont-à-
» Mousson en pourra assez tesmoigner comme
» celle laquelle, depuis que le collége est érigé,
» il (Charles III) n'a seulement visité souventes
» fois en personne, jusqu'à se destorner et tordre
» quelquefois bien loin du chemin pour cet effect,
» mais aussy, par tout moyen, favory, caressé, ché-
» ry, aorné, enrichy; jusques à quatre foires fran-
» ches, chacune d'icelles durant l'espace de quin-
» ze jours entiers, luy avoient esté annuellement
» octroyées. Mais qui ne s'émerveillera, entendant
» que ce bon prince prend la peine d'assister
» aux disputes théologiques et philosophiques,
» aux harangues et déclamations grecques et
» latines, et autres semblables exercices scolas-
» tiques, mais mesme de voir souvent avec
» extrême plaisir passer devant soy deux à deux
» un squadron de sept ou huict cents escholiers
» ou plus... Aussy semblent les murs et parois
» mesmes s'esgayer à luy en rendre grâce, la
» ville s'enrichissant jour sur autre et s'embel-
» lissant de mille beaux neufz bâstimens. »

Ce passage emprunté de Pantaléon Thévenin
va me servir de transition pour revenir à Pont-
à-Mousson, et plus particulièrement à l'université de cette ville dont j'ai dit tout à l'heure
quelques mots en passant. Après m'être longue-
ment étendu sur les diverses causes auxquelles
on doit imputer la décadence et la chute totale
de l'imprimerie en Lorraine, pouvais-je négli-
ger celles que l'y ont fait refleurir? Ne sont-ce
pas deux événements presque simultanés que la
renaissance de cet art dans le duché, et l'érection
de l'université de Pont-à-Mousson; et la typographie lorraine fut-elle jamais aussi prospère
que dans les années dont la série va bientôt
s'ouvrir? Brilla-t-elle jamais d'un aussi vif éclat
qu'au commencement du XVIIe siècle, lorsque
cette université qui comptait à peine vingt-cinq
ans d'existence depuis l'ouverture de son école
de droit, et dix ans depuis qu'on y eut introduit
l'enseignement de la médecine, se montrant dans
toute sa splendeur à l'Europe étonnée, attirait en
foule, dans la petite ville qui en était le siége,
la jeunesse catholique de l'Allemagne, des Pays-
Bas, de l'Angleterre et de l'Irlande, et faisait
craindre à la fille aînée des rois de France
l'abandon des écoles de Paris plus qu'à moitié
désertes. (1)

______

(1) En 1603 l'université de Pont-à-Mousson comptait au delà
de 1500 élèves. C'est en cette année que, sur les plaintes de l'université de France, le parlement de Paris enjoignit aux Français
qui y étudiaient de rentrer dans leur patrie pour achever leurs
études. Une ordonnance royale dans le même sens suivit de près
cet arrêt.

La digression à laquelle va m'entraîner l'université de Pont-à-Mousson, devant, quoique bornée aux particularités les plus intéressantes de son histoire, occuper un certain nombre de pages, je la renvoie au chapitre suivant, et termine celui-ci par quelques lignes empruntées à M. Tessier sur l'établissement de l'imprimerie dans cette ville, et par l'indication de plusieurs ouvrages sortis des presses de Verdun vers la fin du XVIᵉ siècle.

« Charles III, duc de Lorraine,» dit M. Tessier, « fonda une université à Pont-à-Mousson, » en 1572, pour le droit, la médecine, les hu-- » manités, la théologie, la philosophie et les » sciences mathématiques ; c'est sans doute vers » la même époque que cette ville eut une im- » primerie. Le premier nom d'imprimeur est » celui de Martin Marchant, établi précédem- » ment à Verdun. »

Suit une notice d'ouvrages au nombre de six, imprimés à Pont-à-Mousson tant par Martin Marchant que par Etienne Marchant et Melchior Bernard, depuis 1585 jusqu'en 1599. Je ne la reproduirai pas, me proposant d'en donner une plus complète et plus exacte, qu'on trouvera dans l'ordre des dates au chapitre suivant.

Quant aux produits de la typographie verdunoise, qui, du reste, n'a jamais eu grande activité, je n'en connais guère à inscrire dans l'intervalle de 1573 à 1600 ; et encore suis-je obligé d'aller les chercher presque tous dans la Bibliothèque Lorraine de D. Calmet, dont l'exactitude en bibliographie n'est rien moins qu'exemplaire. Les voici dans l'ordre chronologique.

1577. — *Explanatio quædam in symbolum divi Athanasii per D. Petrum de Sainct Vincent, religiosum sancti Michaelis... necnon priorem de Salona. Virduni, apud Martinum Marchand. R. P. D. Nicolai Bousmard Episcopi...Virdunensis typographum*, 1577, 31 pp. pet. in-8°.

1584. — *Brief traité comprenant deux parties, l'une pour guérir de la peste, l'autre pour se préserver d'icelle. A Verdun, chez Martin Marchant*, 1584.

Dom Calmet qui donne, à l'article St.-Hillier, (Bibl. Lorr.) le titre de ce petit livre anonyme, ne dit rien du format.

1586. — *Règles de la compagnie de Iésus. A Verdun, par Martin Marchant* CIↃIↃXXCVI. petit in-16, impression italique encadrée, 139 pp. titre compris, à la fin 2 ff. blancs.

La date de ce petit volume, dont le titre présente le monogramme des Jésuites sur un écusson supporté et couronné par deux martyrs, indique que Martin Marchant, quoique établi depuis plusieurs années à Pont-à-Mousson, en qualité d'imprimeur de l'université, avait conservé à Verdun son établissement primitif.

1592. — *Virdunensis episcopatus Nicolai Bocherii ad DD. judices Romæ in S. Rotæ auditorio. Virduni ex officina Richardi Georgii typographi R. D. episcopi Virdunensis* 1592, in-4°.

» Cet ouvrage est,» dit D. Calmet, « un long

» factum pour soutenir le droit de l'auteur à
» l'Évêché de Verdun comme nommé par le
» Pape, contre un chanoine de Verdun nommé
» Jean de Remberviller, élu par le chapitre :
» Boucher gagna son procès en 1592. » Ajoutons
qu'il n'en profita guère, car il mourut en août
de l'année suivante.

On a du même auteur un éloge funèbre du
cardinal Charles de Lorraine, et du duc François
de Guise, imprimé à Paris (1). L'histoire ma-
nuscrite de l'université de Pont-à-Mousson où
Boucher avait résidé comme précepteur de deux
jeunes Princes de la maison de Lorraine, lui attribue une histoire de la guerre du duc Antoine
contre les Luthériens. D. Calmet n'a jamais vu
cet ouvrage, et je ne sache pas qu'il soit cité
quelque part.

Avant de terminer ce qui concerne la typographie de Verdun au XVI⁰ siècle, je dois mentionner un livre de liturgie sorti des presses de
Nicolas Bacquenois, sous la date de 1560.
L'exemplaire que j'ai sous les yeux, et qui appartient à la bibliothèque publique de Nancy, a
perdu son titre, mais du reste il paraît complet.
Le volume, de format petit in-8°, est imprimé
en lettres rondes, rouges et noires. Il y a 12
feuillets préliminaires en deux séries, l'une de 8

---

(1) Sous le titre de Caroli Lotharingii Cardinalis et Francisci
ducis Guisii litteræ et arma in funebri oratione habita Nanceii,
Lutetiæ Morellius, 1577, in-40. Jacques Tigeon, angevin, chance-
lier et chanoine de Metz, a traduit cet ouvrage, et l'a intitulé :
La conjonction des lettres et des armes de Charles, cardinal de
Lorraine, et François, duc de Guise, frères. Reims, 1579 in-40.

ff. dont le premier doit être occupé par le titre, et les autres contiennent le calendrier ; la seconde de 4 ff., dont deux employés pour la table. Le texte est divisé en trois parties, la 1ʳᵉ de 108 ff., la 2ᵉ de 249, et la 3ᵉ de 36, tous chiffrés, excepté le dernier feuillet qui porte au recto : *Firduni excudebat N. Bacnetius Reuerendi in Christo patris Nicolai Psalmæi episcopi et comitis Virdunensis typographus. Anno a nato Christo 1560.*

Serait-ce le bréviaire portant la même date, dont j'ai, d'après M. Tessier, donné le titre au commencement de ce chapitre, et que le bibliographe messin aura décrit inexactement sur la foi de quelque catalogue qui ne donne à ce livre que deux parties au lieu de trois ? Je suis fort tenté de le croire.

C'est probablement encore à pareille source, ou dans une des nombreuses notices qui lui étaient fournies par des correspondants peu soucieux, comme on l'était généralement alors, de l'exactitude bibliographique, que le P. Lelong a puisé le titre du livre ci-après, cité au nº 38944 de la Bibliothèque Historique de la France. *Pont-à Mousson décrit en vers par Vaubreuil, Verdun 1540,* in-4ᵒ. Dom Calmet qui répète ce titre (1), a, du reste, soin d'ajouter que l'auteur du livre ne lui est connu que de nom. Je le crois aisément, et le titre ne m'est guère moins suspect par son style analytique que la

____

(1) Biblioth. Lorr. au mot Vaubreuil.

date elle-même, antérieure de deux ans à l'épiscopat de Nicolas de Lorraine, sous lequel Nicolas Bacquenois quitta Reims pour établir à
Verdun la première imprimerie qui y ait existé,
(1) et de vingt ans à la publication du bréviaire
dont il vient d'être question. Ce bréviaire est,
comme je l'ai dit, le plus ancien produit connu
de cette imprimerie.

Au moment de clore ce chapitre, une obligeante communication me met à même de donner exactement la notice d'un petit volume que
je n'ai fait qu'indiquer, (2) en citant M. Tessier,
parmi les produits des presses verdunoises. Je
ne veux pas avoir à me reprocher l'omission vo-
lontaire d'un livre rare où la numismatique peut
puiser d'utiles renseignements à cause des monnaies du XVI° siècle, qui y sont figurées dans le
texte. J'en ai compté 166 dont 165 avec les revers, et, quoique gravées en bois assez grossièrement, ces figures peuvent être consultées et citées
avec confiance (3).

*Déclaration des pris des monnoyes tant d'or
que d'argent, ayant cours es pays de Lorraine,
Barrois, Verdun et terres adiacentes : auec la
réduction des pris des thalers de nouuelle fa-
brication et autres espèces d'or et d'argēt n'a-
guères descriez, et mis au billon par l'ordonnance de Mōseigneur le duc de Lorraine : ensemble les pourtraicts de chacune desdites*

<hr>

(1) V. ci-dessus, p. 159.
(2) Ibidem, p. 167.
(3) Biblioth. de M. Noel, notaire honoraire à Nancy.

espèces tant vieux thalers que nouueaux. —
Seqvitvr fortuna laborem. — A Verdun, par
N. Bacquenois, imprimeur de Monseigneur N.
Psaulme, Euesque et Comte dudit Verdun.
1566, 36 ff. non chiffrés, petit in-8°, sign. A·E2.

Au revers du titre est une dédicace à Nicolas
Psaume vient ensuite le texte qui n'est autre
chose qu'une ordonnance sur le cours des monnaies, rendue à Nancy le 23 octobre 1566 par le
duc Charles III, et qui n'est pas même mention
née dans le Dictionnaire des ordonnances de
Lorraine, par Guillaume de Rogéville.